KB219342

천로역정과
하나님 나라

이 책을 나의 목회 사역의 승계자
최성은 목사님에게 헌정합니다.

천로역정과 하나님 나라

지은이 | 이동원
초판 발행 | 2020. 11. 25

등록번호 | 제1988-000080.호
등록된 곳 | 서울특별시 용산구 서빙고로 65길 38
발행처 | 사단법인 두란노서원
영업부 | 2078-3352   FAX | 080-749-3705
출판부 | 2078-3331

책값은 뒤표지에 있습니다.
ISBN 978-89-531-3864-3 03230   Printed in Korea

독자의 의견을 기다립니다.
tpress@duranno.com   www.duranno.com

두란노서원은 바울 사도가 3차 전도여행 때 에베소에서 성령 받은 제자들을 따로 세워 하나님의
말씀으로 양육하던 장소입니다. 사도행전 19장 8-20절의 정신에 따라 첫째 목회자를 돕는 사역과
평신도를 훈련시키는 사역, 둘째 세계선교(TIM)와 문서선교 (단행본·잡지)사역, 셋째 예수문화 및 경배
와 찬양 사역, 그리고 가정·상담 사역 등을 감당하고 있습니다. 1980년 12월 22일에 창립된 두란
노서원은 주님 오실 때까지 이 사역들을 계속할 것입니다.

천로역정과
하나님 나라

이동원 지음

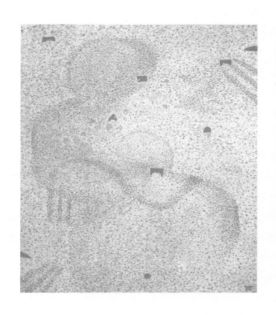

두란노

서문

《천로역정》이란 고전은 저의 평생의 동행자였습니다. 20대 초 한 선교사님의 소개로 만나 사랑에 빠졌습니다. 70대가 되어 천로역 정 순례길을 봉헌하는 기쁨을 누렸습니다. 《이동원 목사와 함께 걷는 천로역정》(두란노)이란 책을 펴냈습니다. 기본적으로 천로역 정의 메시지를 소개하는 책입니다. 그리고 두 번째로 《영성의 길》 (규장)을 펴냈습니다. 《천로역정》의 순례자가 걷는 길의 영성을 조 감하는 책입니다.

그리고 세 번째로 《천로역정과 하나님 나라》를 펴냅니다. 《천로 역정》이 지향하는 하나님 나라가 미래의 천국뿐인가? 아니면 이 책은 하나님 나라의 현재성도 다루고 있는가? 이런 신학적 질 문에 답하기 위한 책이라고 할 수 있습니다. 구체적으로 영원 한 나라를 바라보며 이 땅에서 할 일은 무엇인가? 《영성의 길》 이 《천로역정》의 영성을 다루는 책이라면, 이 책은 천로역정 순 례 길의 사역을 다루는 책입니다.

《천로역정》을 진지하게 묵상하려는 분들에게 이 3권의 필독을

권합니다. 이 책을 손에 든 분들은 먼저 '서설'을 진지하게 읽어 주십시오. 이 서설을 통해 《천로역정》이 지향하는 하나님 나라의 전망을 보십시오. 그리고 하나님 나라의 현재성과 미래성을 함께 가슴에 담았으면 합니다. 저는 그 길이 우리의 평생의 신앙을 균형 있게 하는 해답이라고 믿습니다. 이 책에 저의 평생을 통해 추구한 목회 사역의 모든 것이 들어 있습니다. 그래서 저는 이 책을 저의 사역 승계자와 모든 후학들에게 증정합니다.

"당신의 나라가 임하시오며…
뜻이 하늘에서 이루어진 것 같이 땅에서도 이루어지이다."

2020년 코로나 자가격리 기간에
한국 교회를 위한 기도와 함께
이동원 목사
(지구촌교회 창립/원로, 지구촌 목회리더십센터 대표)

천로역정과 하나님 나라

존 번연(John Bunyan)의 《천로역정》은 복음이 전파되는 곳마다 사람들에게 가장 빨리, 가장 널리 읽혀지는 기독교의 고전임에도 불구하고 부분적으로 받아 왔던 한 가지 비판이 있었습니다. 그 비판이 무엇이냐 하면 《천로역정》이 하나님 나라의 현재성을 무시한다는 것입니다. 지나치게 '저 천국', 우리가 죽어서 갈 천국에만 몰두하고 우리가 살아가야 할 이 세상에서의 우리의 책임을 등한히 한다는 것입니다. 그리고 한 가지 더 자기 혼자 구원 받기 위해서 처자식 다 버리고 귀를 막은 채 '영생 영생' 하면서 천국을 향해서 나아가는 모습, 이것이 과연 정당한 그리스도인의 모습인가?라는 비판이었습니다. 그러나 이것은 《천로역정》을 세밀하게 읽지 않은 데서 초래한 오해라고 생각합니다. 특히 이런 비판이 나오는 배경 속에는 《천로역정》 2편을 읽지 않았다는 것을 지적하지 않을 수 없습니다. 많은 사람들이 《천로역정》에 2편이 있다는 것조차 인지하지 못하고 있기도 합니다.

《천로역정》을 2편까지 다 읽고, 세밀히 검토해 보면 이 책이야말로 하나님 나라의 신학, 그 미래성과 현재성의 균형을 다 갖고 있는 기독교 고전이라는 사실 앞에 우리는 굉장히 놀랄 수밖에 없습니다. 그래서 이 책 서두에 하나님 나라에 관한 성경적인 가르침을 요약하고자 합니다.

사실 이 땅에서 사는 한 60대 이상, 6학년 이상 세대들은 대부분 장차 올 천국, 그러니까 미래의 천국, 천국의 미래성에 더 많이 몰두해 왔고, 그런 가르침을 주로 수용해 온 것이 사실입니다. 그러나 우리 시대에 와서 지금 여기서 이루어지고 있는 하나님 나라, 지금 여기서 확장되어지고 있는 하나님 나라의 현재성에 관심이 모아지면서, 소위 하나님 나라의 신학, 하나님 나라의 운동이 벌어지기 시작했고, 많은 젊은 목회자들이 하나님 나라의 현재성에 눈을 뜨기 시작했습니다. 그것을 감사하게 생각하면서도 저는 거꾸로 하나님 나라의 궁극적인 미래, 저 영원한 천국에 대한 강조를 우리가 잃어버린 것은 아닌가라는 염려를 갖게 됩니다. 그러나 성경적으로 이 두 가지, 곧 하나님 나라의 현재성과 미래성은 사실 함께 균형 있게 강조되어야 한다고 믿습니다.

하나님 나라의 성경적 중요성

그러면 성경이 가르치는 진정한 하나님 나라, 그 하나님 나라의 성경적 중요성을 먼저 좀 생각해 보겠습니다. 저는 '하나님 나라'가 성경의 가장 중요한 주제라는 것에 의문의 여지없이 동의합니다. 그렇습니다. 성경의 가장 중요한 주제는 바로 '하나님 나라'(Kingdom of God)입니다.

첫째, 마가가 소개한 예수님의 공생애 첫 설교 주제입니다.

우선 마가가 소개한 예수님 공생애의 첫 번째 설교를 살펴보겠습니다. 신학교에서 신학을 공부하신 분들은 4복음서가 다 중요하지만 4복음서 중에서도 가장 먼저 기록된 복음서가 마가복음임을 인지하고 있습니다. 마가복음을 기초로 마태, 누가, 요한복음이 쓰였을 것이라고 생각하는 것이 신학자들의 정설입니다. 그러니까 우리에게 복음을 제일 먼저 소개한 사람이 사실은 '마가'입니다. 그런 마가가 예수님의 공생애를 소개하면서 예수님의 첫 번째 지상 설교로 마가복음 1장 14절과 15절에서 예수님의 첫 메시지를 증언합니다.

"요한이 잡힌 후 예수께서 갈릴리에 오셔서 하나님의 복음을 전파하여 이르시되 때가 찼고 하나님의 나라가 가까이 왔으니 회개하고 복음을 믿으라 하시더라."

이것이 예수님의 첫 번째 설교입니다. 이 땅에 오셔서 공생애를 시작하며 그분이 선포하신 첫 번째 메시지인 것입니다. 여기서 강조된 단어가 둘입니다. '하나님의 복음'과 '하나님 나라'입니다.

우리가 조금 더 진행하면서 이 두 가지 개념을 연관시켜서 다시 설명해 드리겠습니다마는, 하나님의 복음 없이 하나님 나라는 증언될 수가 없고 실현될 수도 없는 것임을 먼저 상기하십시다. 하나님의 복음 없이 하나님 나라는 존재할 수가 없습니다. 또 하나님 나라를 실현하는 핵심이 하나님의 복음이라는 것이 먼저 강조되어야 합니다. 그래서 예수님은 하나님의 복음을 전파하시면서 그 복음의 핵심, 기쁜 소식은 하나님 나라가 이제 가까이 왔고 우리가 이 하나님 나라에 들어갈 수 있으며, 하나님 나라의 백성이 될 수 있음을 선포하십니다. 이것이 바로 '복음', 곧 '좋은 소식'(good news)입니다. 하나님과 상관없이 살던 우리가 이제 하나님 나라의 백성이 되어 하나님 나라에서 살 수 있다는 것입니다. 그런데 우리가 지금까지 살아왔던 삶의 자리를 갱신하고, 하나님 나라로 들어가기 위해서는 반드시 선행되어야 할 두 가지가 있다고 말씀하십니다. 그것은 '회개'와 '믿음'입니다. 우리가 하나님 나라에 들어가기 위해서는 먼저 '회개'해야 합니다. 삶의 방향을 돌이켜야 합니다. 이 사건을 희랍어로 '메타노이아'(metanoia)라고 합니다.

우리들 대부분은 지금까지 하나님 나라를 바라보고 산 것이 아니라, '내 나라', '세상 나라'만 바라보고 살았습니다. 그러니까 그런 삶의 방향을 바꿔야 합니다. 그것이 회개 곧 '메타노이아'입니다. 우리는 이제 회개하고 주님이 주시는 기쁜 소식을 받아들여야 합니다. 여기서 요청되는 것이 '믿음'입니다. 그 기쁜 소식이 나를 위한 소식이라는 것을 믿어야 합니다. 회개하고 믿어라! 회개하고 믿으면 하나님 나라의 백성이 될 수가 있다고 말씀하십니다. 하나님 나라 안에서 살 수 있다는 것, 이것이 바로 복음입니다.

이것이 마가가 소개한 예수님의 공생애 첫 번째 설교의 핵심입니다. 그 다음에 기억할 것은 주님이 가르쳐 주신 기도의 핵심이 바로 하나님 나라였다는 것입니다.

둘째, 주님이 가르치신 기도의 핵심입니다.

우리는 주기도문을 하나의 기도 패턴, 기도 모본으로서 이해하지만 주기도문을 하나님 나라와 연관시켜서 가르치거나 이해하려는 노력은 아직 부족하다고 생각합니다. 우선 복음서에 의하면 주기도문은 마태복음과 누가복음에 두 번 등장합니다.

"그러므로 너희는 이렇게 기도하라 하늘에 계신 우리 아버지여 이름이 거룩히 여김을 받으시오며 나라가 임하시오며 뜻이 하늘에서 이루어진 것 같이 땅에서도 이루어지이다"(마 6:9-10).

새로 만들어서 우리가 외우는 주기도문에는 그냥 "나라가 임하시오며"가 아니라 "아버지의 나라가 임하시오며" 이렇게 '아버지'

를 첨부시켰습니다. 사실 원문에는 "당신의 나라가"(Thy kingdom, your kingdom)로 되어 있습니다. 그런데 우리가 '당신' 하면 한국어로는 어르신에게 경한 말을 쓰는 것 같아서 아마 번역학자들이 '당신의 나라' 대신에 '아버지의 나라'가 좋겠다고 해서, '아버지의 나라가' 이렇게 번역한 것으로 생각이 됩니다.

그러면 처음에 나오는 '하늘에 계신 우리 아버지여!' 이건 지금 우리가 기도하기 위해서 먼저 하나님을 부르고 초대하는 것이라고 할 수 있습니다. 그러면서 내가 나아가 부르며 초대하는 그분의 이름 혹은 그분의 존재가 정말 거룩하고 존귀하게 되기를 원한다는 것을 기도하라고 가르치십니다. 다음에 가르치시는 기도가 뭐냐 하면 '(하나님의) 나라가 임하시오며'입니다. 그런데 주기도문을 연구할 때 흥미로운 것은 마태복음에 나타난 주기도문과 그 다음에 누가복음에 나타난 주기도문이 조금 다르다는 것입니다.

"예수께서 이르시되 너희는 기도할 때에 이렇게 하라 아버지여 이름이 거룩히 여김을 받으시오며 나라가 임하시오며"(눅 11:2).

그런데 누가복음에는 '뜻이 하늘에서 이루어진 것 같이 땅에서도 이루어지이다'는 말씀, 곧 마태복음에 있던 것이 없는 것입니다. 다른 것들은 다 있는데 누가복음에는 그 대목이 생략되어 있습니다.

　왜 빠졌을까요? 누가복음이 이 대목을 생략한 이유는 무엇일까요? 사실은 뜻이 하늘에서 이루어진 것 같이 땅에서도 이루어지는 것이 바로 하나님 나라의 본질입니다. 그렇기 때문에 '나라가 임하시오며' 그 내용 안에 다 포함되어 있는 것입니다. 그래서 누가는 그것을 반복하지 않아도 된다고 판단했던 것입니다. 그러니까 여기서도 하나님 나라가 무엇이라는 것을 알 수 있습니까? '나라가 임한다'는 것은 하나님의 뜻이 이 땅에서 이루어지도록 하는 것입니다. 그래서 주님이 그것을 위해서 기도하라고 가르치신 것입니다. 주님은 그 하나님 나라의 복음을 전하기 위해 오셨고, 그 하나님 나라가 이 땅에서 이루어지도록 기도하라고 가르치신 것입니다. 그러므로 주기도문의 핵심은 바로 하나님 나라인 것입니다.

셋째, 주님이 가르치신 기도의 우선순위입니다.

　그 다음에 세 번째로 주님이 가르치신 기도의 우선순위는 하나님 나라가 되어야 한다는 것입니다. 주기도문뿐만 아니라 우리가 보통 기도할 때도 우리 인간은 타락한 존재이고, 타락한 품성이 있고, 본성적으로 이기적이기 때문에 기도하려고 하면 자신의 필요부터 기도하게 됩니다. 자신의 필요부터, 내 자식, 내 집안, 내 비즈니스, 그것부터 기도하는 것이 당연한 순서가 됩니다. 타락한 인간에게는 자연스러운 것이지요. 모든 인간이 다 죄인이기 때문에 그럴 수밖에 없습니다. 그런데 우리 주님은 우리가 정말 평생을 통해서 신앙생활을 하면서 이제 그리스도인으로서 가장 중요한 가치를 두고 추구하고 구할 것이 무엇인가를 상기시켜주십니다. 그것이 바로 "그런즉 너희는 먼저 그의 나라와 그의 의를 구하라 그리하면 이 모든 것을 너희에게 더하시리라"(마 6:33)는 말씀입니다. 그런데 여기 하나님 나라에 그의 의를 첨가한 이유는 무엇입니까? 하나님 나라가 '의'의 나라이기 때문입니다. 그렇습니다. 하나님 나라에서 가장 중요한 가치는 바로 '의'입니다.

바울도 로마서 14장 17절에서 "하나님의 나라는 먹는 것과 마시는 것이 아니요 오직 성령 안에 있는 의와 평강과 희락이라"고 말합니다. 여기서도 하나님 나라의 본질로 '의'가 제일 먼저 강조되고 있습니다. 그래서 하나님 나라와 의를 구하라고 말씀하시는 것입니다. 의로우신 하나님이 통치하는 곳에 의로운 나라가 실현될 것을 기대하신 것입니다. 그것이 하나님 나라의 가장 중요한 본질이기 때문입니다.

그러면 내 개인에게 필요한 것은 어떻게 되느냐? 너희가 구해야 할 것을 먼저 구하면, 거기에 우선순위를 두고 구하기만 하면 내가 너희들이 필요한 것은 다 알아서 해주시겠다는 약속인 것입니다. 그것이 바로 "이 모든 것을 너희에게 더하여 주시겠다"는 말씀입니다. 그리고 그 배경을 보면 의식주, 먹을 것, 입을 것, 살 것, 우리가 자나 깨나 걱정하고 살아가는 삶의 걱정거리가 다 포함됩니다. '무엇을 먹을까? 무엇을 입을까? 어떤 집에서 살까?' 그런데 그것을 먼저 구하지 말고 당신들이 그리스도인이라면 먼저 하나님 나라와 의를 구하라는 것입니다. 이것이 우리의 삶의 우선순위, 우선적인 가치가 되어야 한다는 것입니다.

넷째, 부활하시고 승천하시기까지의 주님의 교훈의 주제입니다.

네 번째로 부활하시고 승천하시기까지 주님이 이 땅에서 가르친 교훈의 메인 토픽, 핵심 주제 또한 하나님 나라였다는 것입니다.

예수님은 십자가에 달려 죽으신 지 사흘 만에 부활하셨습니다. 그런데 바로 하늘나라로, 아버지에게로 가신 것이 아닙니다. 이 지상에 며칠 계셨습니까? 40일을 계셨습니다. 이 땅에서 승천하시기까지 40일을 제자들을 만나고 제자들과 함께하면서 가르침을 주셨습니다. 무엇을 가르치셨을까요?

"그가 고난 받으신 후에 또한 그들에게 확실한 많은 증거로 친히 살아 계심을 나타내사 사십 일 동안 그들에게 보이시며 하나님 나라의 일을 말씀하시니라"(행 1:3).

부활하신 주님이 제자들과 함께하면서 승천하시기까지 계속적으로 가르치신 주제는 하나님 나라였습니다. 그만큼 하나님 나라는 예수님의 가장 중요한 일관성 있는 관심이셨습니다.

다섯째, 세상 나라의 궁극적 완성의 자리입니다.

하나님 나라는 우리가 사는 이 세상 나라의 궁극적 완성의 자리입니다. 지금 우리가 보는 이 세상의 강대국들, 미국, 중국, 러시아, 일본 그리고 대한민국을 포함해서 이 세상 나라들이 궁극적으로 어떻게 되느냐를 생각해 보신 일이 있으십니까? 궁극적으로 마지막에 남아 있을 승리의 나라는 어떤 나라일까요? 미국일까요? 중국일까요? 자, 요한계시록 11장에서 그 대답을 주고 있습니다.

"일곱째 천사가 나팔을 불매 하늘에 큰 음성들이 나서 이르되 세상 나라가 우리 주와 그의 그리스도의 나라가 되어 그가 세세토록 왕 노릇 하시리로다"(계 11:15).

결국 세상 나라는 다 폐기된다는 것입니다. 다 없어지고 심판의 대상이 되는 것입니다. 그리고 마침내 세상 나라는 주의 나라, 그리스도의 나라가 된다고 말씀하십니다. 그리고 주님이 세세토록 왕 노릇 하신다고 말씀하십니다. 그분이 바로 재림하실 주님, 다시 오실 주님 예수 그리스도이십니다. 그분이 영원한 그 나라의 왕이 되어 만유를 통치하신다는 것입니다. 그러면 온 세상은 결국 하나님 나라가 된다는 것입니다. 이것이 성경이 가르치는 역사의 완성입니다.

그 다음 우리가 생각할 것은 하나님의 복음과 하나님 나라는 어떻게 연관되는가라는 것입니다.

하나님의 복음과 하나님 나라의 연관성

우선 복음의 핵심은 예수 그리스도의 죽으심과 그분의 부활임을 기억해야 합니다.

첫째, 복음의 핵심은 예수 그리스도의 죽으심과 부활 사건입니다.

"이 복음은 하나님이 선지자들을 통하여 그의 아들에 관하여 성경에 미리 약속하신 것이라 그의 아들에 관하여 말하면 육신으로는 다윗의 혈통에서 나셨고 성결의 영으로는 죽은 자들 가운데서 부활하사 능력으로 하나님의 아들로 선포되셨으니 곧 우리

주 예수 그리스도시니라"(롬 1:2-4).

　복음은 무엇입니까? 제가 이런 직설적인 질문을 던지면 심지어 사역자들도 굉장히 당황해 하는 것 같습니다. 제가 담임목사 시절에 저와 함께 동역할 부목사님들을 초대하면서 면담할 때 꼭 이 질문을 빼지 않고 합니다. "복음이 뭐라고 생각하세요?" 그분들 다 신학교 졸업하고, 다 사역하다가 오신 분들인데도 제 마음에 맞는 대답을 하는 분들은 극히 적었습니다. 물론 면담 자리니까 쉽지는 않았을 것입니다. 그래도 무엇인가 대답을 하면 저는 다시 어디 말씀에 근거한 정의인가를 묻습니다. "성경에 근거하여 복음의 정의를 다시 한번 말씀해 주실까요?" 그러면 또 대답이 명쾌하지 않습니다.

　성경에 복음은 이것이라고 이렇게 확실하게 정의한 대표적인 구절 중에 하나가 바로 로마서 1장 2절에서 4절까지의 말씀입니다.

　여기 바울 사도는 복음을 어떻게 정의합니까? 하나님이 구약의 선지자들을 통해서 그의 아들, 장차 오실 하나님의 아들에 관하여 약속하신 메시지가 복음입니다. 그런데 다시 그 아들은 또 누구이십니까? 그 하나님의 아들은 육신적으로 말하면 다윗의 혈통을 타고 오신 인간이신 예수, 그러나 성결의 영으로는 하나님의 영에 의해서 죽은 자들 가운데서 부활하사 하나님의 아들로 선포되신 분, 그분이 바로 예수 그리스도이십니다. 그분이 죽음에서 부활하심으로 말미암아 인간의 가장 중요한 근본적인 영생의 문제를 해결하셨습니다. 그래서 하나님의 아들 예수 그리스도 사건이 바로 복음입니다. 하나 더 복음의 정의를 밝혀주는 성구를 보겠습니다.

"형제들아 내가 너희에게 전한 복음을 너희에게 알게 하노니 이는 너희가 받은 것이요 또 그 가운데 선 것이라 너희가 만일 내가 전한 그 말을 굳게 지키고 헛되이 믿지 아니하였으면 그로 말미암아 구원을 받으리라 내가 받은 것을 먼저 너희에게 전하였노니 이는 성경대로 그리스도께서 우리 죄를 위하여 죽으시고 장사 지낸 바 되셨다가 성경대로 사흘 만에 다시 살아나사"(고전 15:1-4).

복음이 무엇입니까? 그 메시지를 통해서 구원 받기 때문에 복음입니다. 그 메시지로 구원을 얻기 때문입니다.

여기 바울의 증언을 다시 확인해 보십시오. "내가 받은 복음을 먼저 너희에게 전하였노니 이는 성경대로 그리스도께서 우리 죄를 위하여 죽으시고 장사 지낸 바 되셨다가 성경대로 사흘 만에 다시 살아나사." 이것이 복음이라는 것입니다. 언제나 복음의 핵심은 예수 그리스도의 죽으심과 부활입니다. 구약부터 예언된 그대로 하나님의 아들이신 그분이 오셔서 우리를 위해 죽으시고 사흘 만에 살아나신 것, 그것이 복음입니다.

그의 죽으심과 부활이 왜 복음이냐고 묻는 분들이 계십니다.

"예수는 우리가 범죄한 것 때문에 내줌이 되고"(롬 4:25).

'내줌'이라는 것은 죽었다는 말입니다. 왜 죽으셨습니까? 우리의 죄 문제를 해결하려고 죽으셨습니다. 우리는 다 범죄하고 하나님의 심판을 피할 수가 없는데 예수님이 십자가에서 대신 우리를 위해 심판받고 죽으셨습니다. 그런데 그것은 복음의 반면입니다. 복음의 전부가 아닙니다. 그분은 죽으실 뿐만 아니라 부활하셨습니다. 왜요?

"예수는 우리가 범죄한 것 때문에 내줌이 되고 또한 우리를 의롭다 하시기 위하여 살아나셨느니라"(롬 4:25).

죄인 되었던 우리를 의롭다 하시고 이제부터 하나님의 의를 바라보며 새로운 생명 가운데 살아가도록 하기 위해서 그분이 부활하셨다는 것입니다. 그것이 바로 복음의 핵심입니다. 그렇습니다. 그분은 살아계셔서, 부활하셔서 지금도 우리를 새 사람 되게 하사 새 생명 가운데 하나님의 의를 향해서 걸어가도록 인도하고 계시다는 것, 그것이 복음의 적극적인 반면입니다. 기억하십시오. 복음의 핵심은 언제나 예수 그리스도의 죽으심과 부활입니다.

여기서 로마서 10장 9절을 기억하기를 바랍니다. "네가 만일 네 입으로 예수를 주로 시인하며" 이렇게 시작되는데, 이어 "또 하나님께서 그를 죽은 자 가운데서 살리신 것"이란 말씀이 따라옵니다. 그리스도의 부활이 다시 강조됩니다. 그래서 예수님의 죽으심만 믿는 것 가지고는 복음 속에 온전히 들어온 것이 아닙니다.

그렇습니다. 십자가에서 예수님이 죽으신 것만 갖고는 완전한 복음이 아닙니다. 그는 죽은 자 가운데서 다시 살아나셨습니다. 그것을 네 마음에 믿으면 네가 구원을 받으리라고 말씀하셨습니다. 여기서 그거 '아주 쉽네'라고 생각하시는 분이 계십니까? "예수님, 당신이 나의 주인이십니다." 입술로만 고백하는 것, 쉽잖아요? 그런데 사실은 예수를 '주'로 시인한다는 것은 엄청난 결단입니다. 그분이 '주!'라고요, 주! 'Lord', 주님이란 말입니다. 여기서는 '구주'(Saviour)를 강조하는 게 아니라 '주님'을 강조했습니다. 'Lord' 혹은 'Master', 즉 주인이시란 말입니다.

그분은 우리 마음 속에 우리 인생 속에 손님으로 오신 것이 아닙니다. 주인으로 오셨습니다. 주님이 나의 주인이시라면 그분은 나의 전부를 다 다스려야 합니다. 그래서 그분이 온전히 주인이 되어 나를 통치하도록, 내 인생을 전부 내어 드리는 것이 그리스도를 주로 시인한다는 말입니다. 그래서 그렇게 예수님을 믿고 사는 것을 우리는 주권(Lordship)이라고 말합니다. 그리스도의 주권, 곧 예수님이 우리 인생의 주인 되심을 인정하고 사는 것입니다.

로마 시대에는 사람들이 길을 가다가 사람을 만나면 이런 인사를 많이 했다고 합니다. "가이사가 주님이십니다!" 그러면 상대방은 이렇게 받아서 인사합니다. "맞습니다. 나의 주님은 가이사이십니다!" 그런데 그 당시 그리스도인들에게 이런 일이 일어납니다. 자, 한 사람이 와서 인사를 해요. "가이사가 주님이십니다!" 그런데 종종 그리스도인들은 이렇게 답합니다. "아닙니다! 나의 주님은 오직 예수 그리스도이십니다!" 이것 때문에 체포를 당합니다. 이것 때문에 콜로세움에 가서 순교자가 되어 생명을 잃어버리기도 합니다. 그러니까 여기서 예수를 주로 시인한다는 말은 엄청난 고백입니다. 이제부터 정말 그분이 내 삶의 주인이 되셔서 내 삶의 모든 영역을 통치하고 다스리도록 허용하고 살겠다는 것이, 이 시인한다는 말의 진수입니다. 그리고 이런 사람들이 체험한 놀라운 사건이 구원인 것입니다. 구원은 결코 '싸구려 은혜'(cheap grace)나 싸구려 선물이 아니라는 말입니다.

둘째, 하나님 나라의 핵심은 하나님의 통치입니다.

그렇다면 이제부터 중요한 것은 하나님의 통치입니다. 이제 하나님이 다스리시고, 그분이 '주'(Lord)가 되고 '왕'(King)이 되셔서 내 인생을 통치하신다는 것입니다. 그분이 통치해야 통치하는 그곳이 하나님 나라인 것입니다. 그렇죠? 하나님 나라의 핵심은 하나님의 통치, 예수님의 통치, 성령님의 통치입니다. 우리가 하나님의 백성이 되었다는 것은 이제부터 우리 삶의 모든 영역에 하나님의 통치를 수용하고 산다는 의미입니다. 화란(네덜란드)의 수상이었고, 기독교 사상가였던 아브라함 카이퍼(Abraham Kuyper)는 "우리의 삶의 영역에서 그리스도께서 내 것이라고 주장하지 않을 단 일 인치의 영역도 존재하지 않는다"는 말을 남겼습니다. 그래서 문자 그대로 우리의 모든 삶의 영역에서 주님의 주인 되심이 나타나도록 그의 주권에 순복하는 삶이야말로 하나님 나라를 살아가는 인생의 본질입니다.

셋째, 부활하신 그리스도의 주 되심으로 그는 자신의 통치를 실현하십니다.

그런데 그 통치가 실현되기 위해서는 부활하신 그리스도를 주로 받아들이고 순종함으로써 우리 각자 한 사람 한 사람이 예수님을 십자가에서 죽으시고 부활하신 주님으로 받아들이고, 이제 그분에게 순종하는 인생을 시작함으로써 하나님의 통치가 나에게서 이루어지고, 내 가족에게서 이루어지고, 우리의 공동체 안에서 이루어져야 하는 것입니다. 복음을 받아들인 모든 사람 속에서 하나님의 통치가 계속해서 확장된다는 것, 이것이 하나님 나라의 실현입니다. 그리고 이런 삶은 먼저 내 안에서 내가 죽고 그리스도가 살아서 나를 통치함으로 시작되는 것입니다. 이런 삶을 추구하는 삶의 본질을 바울 사도는 갈라디아서에서 우리가 잘 아는 말씀으로 고백한 것입니다.

"내가 그리스도와 함께 십자가에 못 박혔나니 그런즉 이제는 내가 사는 것이 아니요 오직 내 안에 그리스도께서 사시는 것이라 이제 내가 육체 가운데 사는 것은 나를 사랑하사 나를 위하여 자기 자신을 버리신 하나님의 아들을 믿는 믿음 안에서 사는 것이라"(갈 2:20).

이 고백이야말로 하나님 나라의 현존을 체험하는 삶의 간증입니다.

하나님 나라의 현재성과 미래성

현재성(불가시성)

이제 하나님 나라의 현재성을 생각해 보겠습니다. 하나님 나라의 현재성이라는 것은 무엇입니까? 현재 지금 여기 하나님의 복음이 전해지고 하나님 나라가 계속 확장되고 있습니다. 그런데 그 하나님 나라는 보이지 않습니다. 우리의 육신의 눈으로는 말입니다. 이것을 불가시성이라 합니다. 보이지 않는다는 말입니다. 그러나 눈으로 보이지 않지만 하나님의 통치가 지금 여기에 있고, 그 다스림이 확장되어 가고 있는 나라, 이것이 바로 현재적 하나님 나라입니다. 물론 장차 완성될 하나님 나라도 아직 보이지 않는 미래입니다. 그러나 우리가 그 나라에 들어갈 때 우리는 다 보게 됩니다. 그런 나라를 볼 수 있는 것을 가시적 하나님 나라라고 합니다. 미래에 우리를 기다리는 완성된 나라이기도 합니다.

첫째, 예수님이 오셨을 때 그는 하나님 나라를 갖고 오셨습니다.

현재적 하나님 나라를 불가시적 하나님 나라라고 말씀드렸습니다. 그 나라는 언제부터 왔습니까? 예수님이 이 땅에 오셨을 때 하나님 나라를 갖고 오신 것입니다. 그래서 예수님의 공생애 첫 번째 메시지가 무엇이었습니까? 하나님 나라가 가까이 왔다는 것

이었습니다. 예수님이 하나님 나라를 갖고 오신 것입니다. 아니,
이렇게 말해도 됩니다. 예수가 하나님 나라입니다. 예수님이 바
로 하나님 나라라는 것이 이해가 되십니까? 그분은 하나님 나라
를 갖고 오셨을 뿐만 아니라 왕으로 오셨습니다. 왕이신 그분이
임재하는 그곳에 그의 왕국이 이루어지지 않겠습니까? 그래서 예
수님을 하나님 나라라고 말해도 괜찮습니다. 할렐루야! 예수님이
하나님 나라입니다.

둘째, 그의 나라는 눈에 보이지 않게 시작되었습니다.
그런데 그분의 나라는 눈에 보이지 않게 시작되었습니다.

"바리새인들이 하나님의 나라가 어느 때에 임하나이까 묻거늘
예수께서 대답하여 이르시되 하나님의 나라는 볼 수 있게 임하
는 것이 아니요 또 여기 있다 저기 있다고도 못하리니 하나님의
나라는 너희 안에 있느니라"(눅 17:20-21).

하나님 나라가 언제 오느냐 그러니까 예수님이 너희들 눈으로
딱 볼 수 있도록 오는 것이 아니라, 하나님 나라는 너희 안에 있
다고 말씀하십니다. 우리가 예수님을 마음에 받아들이면 하나님
나라가 우리 안에 있는 것입니다. 또 '너희 안에'라는 말을 이렇게

번역해도 됩니다. '너희 가운데'. 우리가 예수님을 왕으로 인정하고, 그분에게 순종하면 우리 가운데 하나님 나라가 곧 하나님의 통치가 임하는 것입니다. 그의 다스림이 시작되는 것입니다. 우리 가정의 대다수가 아니, 거의 전부가 예수님을 주로 믿고 예수님을 왕으로 인정하고 그분 앞에 순종할 때 그분의 통치가 우리 가정에 임합니다. 그렇습니다. 하나님 나라가 우리 가정에도 임할 수 있습니다. 또한 우리 일터에도 우리가 그분의 주권, 그분의 왕권을 인정하고 순종하면 하나님 나라가 임한다는 것을 믿습니까? 볼 수 없지만 그 나라는 이 땅 어디에라도 현존하고 있다는 말입니다.

셋째, 그의 나라는 그의 능력이 나타나는 곳에 임하십니다.

다음에 기억할 것은 그의 나라는 그의 능력이 나타나는 곳에 임하신다는 것입니다.

"그러나 내가 만일 하나님의 손을 힘입어 귀신을 쫓아낸다면 하나님의 나라가 이미 너희에게 임하였느니라"(눅 11:20).

예수님이 귀신을 쫓아내면서 하신 말씀입니다. 내가 하나님의 손을 힘입어 하나님의 능력으로 귀신을 쫓아낸다면 거기에 하나님 나라는 이미 임한 것이라고 말씀하십니다. 하나님 나라가 하나님의 통치라고 했습니다. 그렇습니다. 하나님의 다스림, 하나님의 다스리는 권세가 나타났다는 말입니다. 그러면 어떻게 됩니까? 귀신이 쫓겨납니다. 악령들이 떠나갑니다. 그 나라가 임한 것입니다. 하나님의 다스림이 거기 임한 것입니다. 하나님의 통치가 임한 것이란 말입니다. 이미 임했다고 그랬습니다. 이미, 그런 의미에서 하나님 나라는 우리 가운데 현존하고 있습니다. 영어로 'already', 이 단어를 잘 기억합시다.

이미 우리 가운데 오신 하나님 나라, 이것이 현재적 하나님 나라입니다. 그런데 왜 그 나라의 능력을 우리가 경험하지 못합니까? 우리가 그분에게 순종하지 않기 때문입니다. 예수님을 왕으로 믿고 순종하면 능력이 나타나는데 우리가 안 믿는 것입니다. 우리의 불신이 그의 통치를 막고 있는 것입니다.

넷째, 그의 나라는 성령 안에서 그 가치를 실현하고자 합니다.

이제 그의 나라는 성령 안에서 그 가치를 실현하고자 한다는 것을 기억합시다. 하나님 나라의 가치가 무엇입니까?

"하나님의 나라는 먹는 것과 마시는 것이 아니요 오직 성령 안에 있는 의와 평강과 희락이라"(롬 14:17).

세 가지를 강조했습니다. '의', '평강', '희락'입니다. 저는 궁극적으로 완성된 미래의 천국, 거기에 가도 먹는 것과 마시는 것이 반드시 있다고 생각합니다. 먹는 것과 마시는 것 없이 어떻게 그렇게 재미없는 인생을 살겠습니까? 그런데 그것들이 본질은 아니라는 것입니다. 먹고 마시는 것은 생존을 위한 것이지, 그것은 삶의 본질이 아닙니다. 본질은 무엇입니까? 세 가지 단어를 기억합시다. 성령 안에서 '의'와 '평강'과 '희락'입니다. 왜요? 이 나라의 왕이신 그분이 의로운 왕이시기 때문입니다. 따라서 그분이 다스리는 곳에는 의가 실현될 수밖에 없습니다. 그분은 또한 평화의 왕, 평강의 왕이십니다. 따라서 그분이 다스리는 곳에는 평화가 있습니다. 그는 더 나아가 기쁨의 왕이십니다. 그러면 그분이 다스리는 곳에는 기쁨, 곧 희락이 드러난단 말입니다. 그래서 의가 강조되고, 평화가 강조되고, 희락이 강조되고 그것이 실현되는 나라가 곧 하나님 나라입니다. 이 세 가지 가치가 지배하는 나라가 하나님 나라인 것입니다.

저는 사실 여기에서 강조하지 않았지만, 하나님 나라의 절대 가치로 추가할 한 가지 더 중요한 전제가 있다면 '자유'라고 생각합니다. 우리가 복음을 받아들이고 주님을 영접하는 것은 다 우리의 자유의지에 근거해서 이루어집니다. 주님은 강제로 하지 않으십니다. 그리고 그 다음에 자발적으로 우리의 자유에 근거하여 그의 통치를 수용한 사람들에게 '의', '평강', '희락'의 선물을 내리십니다. 그것이 천국, 하나님 나라입니다.

선거 때가 되면 저희 같은 목회자들은 늘 시달립니다. 와서 직접 물어보는 사람도 있습니다. 누구를 찍어야 하느냐고. 또 선거 전에 설교를 하게 되면 항상 교우들의 입에 오르내리게 됩니다. 설교 후 교인들끼리 싸우는 일도 있다고 합니다. 목사님이 누구 찍으라고 하신 말씀이니, 알아들어야 한다고 말입니다. 그런데 저는 누구 찍으라고 한 번도 얘기한 적이 없습니다. 그러나 방향은 제시합니다. 우리나라가 하나님 나라에 가까워지면 좋지 않겠습니까? 그래서 하나님 나라에 근거한 성경적 방향을 제시합니다. 그 하나님 나라에 가까워지려면 자유스러운 나라가 되어야 한다고 말입니다. 하지만 이 자유를 전제하고 그 다음 우리나라에 필요한 것은 '의', '평강', '기쁨'(복지)이라고. 우리나라가 좀 더 의로운 나라가 되고, 좀 더 평화로운 나라가 되고, 좀 더 기쁨으로 살 수 있는 나라, 복지가 향상될 수 있는 나라가 되는 방향에 기여할 일꾼을 뽑아야 한다고 말입니다. 저는 한 정치적인 당이, 이런 가치를 모두 다 가지고 있다고 생각하지 않습니다. 그러니까 그때 그 시점에서 어떤 가치가 더 강조될 필요가 있는가에 따라서 우리의 선택이 달라질 수밖에 없습니다. 이 시점에서 우리나라가 이쪽으로 가야 한다고 생각되면 그 가치를 강조하고 있는 쪽에

표를 주는 것이 정당하다고 생각합니다. 그래서 저는 어떤 당을 찍으라고 한 번도 말해 본 적이 없고 말해서도 안 된다고 생각합니다.

그렇습니다. 우리는 이 하나님 나라의 가치에 근거한 우리의 선택을 그때 그때 할 뿐입니다. 저는 그런 의미에서 하나님 나라는 보수보다도 훨씬 위에 있고 진보적인 가치보다도 훨씬 더 위에 있다고 생각합니다. 그런데 사람들은 시야를 좁혀서 어느 한쪽, 좌우에다가 그리스도인의 가치 전체를 투입시키려 하는 유혹을 받고 있습니다. 이런 생각이야말로 하나님 나라라는 총체적 전망을 바라보지 못하게 하는 이 땅의 그리스도인들의 좁은 시야라고 생각합니다. 아주 좁은 근시안적이고 비성경적 시야라고 생각합니다. 이제야말로 우리가 하나님 나라의 비전과 전망을 갖고 인생을 살아야 할 때입니다.

다섯째, 복음을 믿고 받아들인 거듭난 자들은 하나님 나라를 보고 살아갑니다.

"예수께서 대답하여 이르시되 진실로 진실로 네게 이르노니 사람이 거듭나지 아니하면 하나님의 나라를 볼 수 없느니라"(요 3:3).

예수 믿고 거듭나서 새 생명을 받았다면 우리는 하나님 나라를 바라보고 사는 사람이 됩니다. 지금 우리는 하나님 나라를 같이 연구하면서 이 나라를 《천로역정》에 비추어 보고자 합니다. 《천로역정》은 우리를 정말 하나님 나라로 인도하고 있을까요? 《천로역정》을 읽어 보면 주인공 크리스천(christian)이 아름다운 집(House Beautiful), 미궁에 도착했을 때 원문에 이런 말씀이 기록됩니다.

"가족들은 크리스천을 집 옥상으로 데려가 남쪽을 보라고 말했다. 저 멀리 아름다운 산마을이 보이고 수풀과 포도원, 온갖 종류의 과일과 꽃들, 샘물과 분수가 어우러진 것을 보는 것만으로도 즐거움이 넘쳐났다. 크리스천이 그 마을의 이름을 묻자, 그곳이 '임마누엘의 땅'이라고 했다."

이것이 《천로역정》에 나오는 말입니다. 또한 '임마누엘의 땅'(Immanuel's Land)에 당신이 도착하면 목자들이 천국의 문을 보여 줄 것이라고 말합니다. 하나님이 다스리는 임마누엘의 땅이 가까이 왔다고 말합니다. 순례자들로 하여금 하나님 나라를 바라보게 하는 메시지를 준 것입니다.

드디어 순례자 일행은 '기쁨의 산지'(The Delectable Mountains)에 도달하게 됩니다. 이 대목에서 《천로역정》은 다시 이런 말씀을 기록합니다.

"산 끝에 이르자 목자들은 순례자들에게 망원경으로 천국 문을 보여주자고 말했다. 크리스천과 소망도 기꺼이 보고자 했다. 목자들은 그들을 청명산 높은 언덕에 데리고 올라 망원경을 주며 보라고 했다. 그들은 떨림으로 천국의 영광을 잠시 엿보았다."

메시지가 무엇입니까? 그러니까 우리 믿음의 순례자들은 이 땅에 살면서도 천국의 영광을 보면서 사는 사람이어야 한다는 것입니다. 《천로역정》에는 믿음의 순례자들이 하나님 나라를 바라보면서 하루하루를 살아가고 있습니다. 또한 《천로역정》에는 하나님 나라의 교훈으로 넘쳐나고 있습니다. 그리고 《천로역정》 2편에는 그 하나님 나라를 바라보고 순례하는 우리가 감당해야 할 하나님 나라의 사역들이 증언됩니다. 따라서 《천로역정》이 현재적 하나님 나라의 비전을 상실하고 있다는 것은 《천로역정》에 대한 가장 큰 오해입니다.

그러면 이제 《천로역정》이 증거하는 하나님 나라의 미래성을 살펴보겠습니다.

미래성(가시성)

이것은 가시적인 눈으로 볼 수 있는 나라, 미래에 완성될 나라입니다. 하나님 나라는 이미 시작되었습니다. 예수님이 오셨을 때부터 이 땅에서 시작되었고 보이지 않게 확장되고 있지만 아직은 완성되지 않은 나라입니다. 이미 시작되었으나 아직은 완성되지 않은 나라, 이런 성경적 하나님 나라의 특성을 신학자들은 영어로 'already but not yet~kingdom'이라고 말합니다. 오스카 쿨만(Oscar Cullmann)이라는 유명한 신학자가 처음 이 단어로 하나님 나라의 특성을 설명했다고 알려져 있습니다. 이미 하나님 나라는 우리 가운데 왔습니다. 예수님이 오셨을 때 이미 시작된 나라입니다. 그러나 아직 완성되지는 않았습니다. 그가 다시 오실 때 그 나라는 완성될 것입니다. 이 말에 하나님 나라의 현재와 미래가 다 들어가 있습니다.

첫째, 예수님이 다시 오심으로 완성될 나라입니다.

그 나라의 미래성으로 먼저 기억할 것은 예수님이 다시 오심으로 완성될 나라라는 사실입니다. 그 나라는 예수님이 다시 오셔서 재림하실 때 완성될 나라입니다.

둘째, 그 완성된 나라는 인류가 잃어버린 낙원의 회복이며 그 이상의 갱신입니다.

두 번째, 그 완성된 나라는 인류가 잃어버린 낙원의 회복입니다. 인간은 타락함으로써 낙원을 잃어버렸습니다. 그런데 그 나라가 회복된다는 것입니다. 그러나 회복만 하는 것이 아니라 그 이상이라고 저는 믿습니다. 에덴동산보다 훨씬 더 좋은, 모든 것이 새로워진 나라, 그것이 완성된 하나님 나라입니다. 그것을 증언하는 말씀이 요한계시록 21장과 22장, 성경의 마지막 두 장입니다.

"또 내가 새 하늘과 새 땅을 보니 처음 하늘과 처음 땅이 없어졌고 바다도 다시 있지 않더라 또 내가 보매 거룩한 성 새 예루살렘이 하나님께로부터 하늘에서 내려오니 그 준비한 것이 신부가 남편을 위하여 단장한 것 같더라 ⋯ 보좌에 앉으신 이가 이르시되 보라 내가 만물을 새롭게 하노라"(계 21:1-2, 5).

여기서 중요한 단어가 '새'인데, '새 하늘' '새 땅', '새 예루살렘' 그리고 '만물을 새롭게 하노라'입니다. 희랍어로 카이네(kaine)라는 단어가 계속 쓰인 것입니다. 영어로는 'new'입니다. 그런데 새롭다는 단어는 본래 질적으로 새로워진다는 뜻입니다. 그 영원한 나라는 지금 우리의 눈으로 보는 하늘과 땅과 공통점이 많을 것입니다. 그러나 질적으로 새로워진 나라, 질적으로 완전히 갱신된 나라입니다. 그리고 모든 죄 된 것, 악한 것이 사라지고 새로워진 나라, 그것이 미래의 완성된 천국입니다.

셋째, 그 완성된 나라는 이 땅을 순례하는 모든 성도의 궁극적 본향입니다.

"그들이 나온 바 본향을 생각하였더라면 돌아갈 기회가 있었으려니와 그들이 이제는 더 나은 본향을 사모하니 곧 하늘에 있는 것이라 이러므로 하나님이 그들의 하나님이라 일컬음 받으심을 부끄러워하지 아니하시고 그들을 위하여 한 성을 예비하셨느니라"(히 11:15-16).

크리스천이 자기의 지상본향을 생각했다면 돌아갈 유혹을 받았을 것입니다. 그러나 《천로역정》에서 주인공 크리스천은 돌아가지 않았습니다. 자기를 위해 예비된 더 좋은 성이 있다는 것을 믿었기 때문입니다. 바로 이 히브리서 11장의 말씀처럼 "하나님이 그들을 위하여 한 성을 예비하셨다"는 말씀을 믿은 것입니다. 그것이 바로 저 멀리 뵈던 '시온 성'입니다. 궁극적인 천국, 미래의 완성된 천국인 것입니다.

넷째, 그 완성된 나라는 수고로운 삶을 영위하는 모든 성도의 안식처입니다.

하나님 나라는 우리가 이 땅의 수고를 그치고 영원히 안식할

곳입니다. 예수님이 십자가로 가시기 직전에 하신 말씀에 약속된
곳입니다.

"너희는 마음에 근심하지 말라 하나님을 믿으니 또 나를 믿으라
내 아버지 집에 거할 곳이 많도다"(요 14:1-2).

'거할 곳'은 옛날 번역에는 '처소'(place)라고 했습니다.

"그렇지 않으면 너희에게 일렀으리라 내가 너희를 위하여 거처
를(처소를) 예비하러 가노니"(요 14:2).

저는 천국이 영원한 안식의 처소라고 믿습니다. 그런데 불행하
게도 요즘 하나님 나라 신학을 강조하는 사람들 가운데 종종 이
런 소망을 약화시키거나 심지어 부인하는 사람들도 있는 것 같습
니다.

오늘 이 말씀에 대해서 유명한 설교가 마틴 로이드 존스(Martyn
Lloyd Jones)의 딸 엘리자베스 캐서우드(Elizabeth Catherwood)가 자
기 아버지의 삶을 회고하면서 이런 중요한 말을 남겼습니다.

"아버지(로이드 존스)는 마지막에 더 이상 자신의 몸이 낫기를 위해 기

도하지 말라고 하셨다. 내가 영광으로 나아가는 길을 막지 말라고. 아버지는 몇 달을 투병하셨지만 요한복음 14장의 위대한 진리에 굳게 붙들려 있었다. 그는 자신이 오랫동안 신실하게 섬겨 온 구주께서 영광의 거처를 예비해 놓으신 것을 알고 있었다."

이것이 바로 우리의 궁극적 소망이 아닙니까? 저도 늙어가니까 어떨 때 인생이 힘들고 그러면 살짝 살짝 요즘은 그 생각이 많이 스치고 지나갑니다. '이제 그만 가고 싶다'고. 나쁜 생각이 아니지요. 전 영원한 소망을 사모할 뿐입니다. 저는 그곳이 더 좋은 곳이라고 믿습니다. 그리고 더 좋은 영원한 안식의 처소라고 믿습니다. 이것을 부인하면 안 됩니다. 이 천국의 미래성을 우리가 소홀히 여기면 이 땅에서의 삶의 의미도 상실하는 것입니다. 하나님 나라의 신학을 강조한다는 이유로 이런 궁극적 소망을 약화시키는 것, 저는 그것을 조심해야 한다고 생각합니다.

찰스 스펄전(Charles H. Spurgeon)은 요한복음 14장 1-2절을 강해하면서 이렇게 말했습니다.

"그 은총의 나라는 우리가 최후에 우리의 육신을 가지고 주님과 함께 머물 처소입니다. 예수님도 그곳에 영으로만 가시지 않고 상처 난 자국 그대로의 육신을 지닌 채 부활하신 것을 기억할 때 난 너무나 기쁩니다. 이제 주님이 그곳으로 떠나신 것처럼 우리도 그리스도께서 거하신 그곳으로 가야 합니다. 우리도 육신을 가지고 남은 길을 주님을 따라야 합니다."

우리의 부활의 몸을 가지고 영원히 거할 수 있는 처소, 저는 그 천국을 소망합니다.

다섯째, 완성된 그 나라는 구속사적 성경의 역사가 실현된 영원의 나라입니다.

성경의 구속사적 역사(history)가 마지막으로 실현될 영원한 나라입니다. 히브리서 12장 말씀을 다 같이 읽겠습니다.

"그러나 너희가 이른 곳은 시온 산과 살아 계신 하나님의 도성인 하늘의 예루살렘과 천만 천사와 하늘에 기록된 장자들의 모임과 교회와 만민의 심판자이신 하나님과 및 온전하게 된 의인의 영들과 … 그러므로 우리가 흔들리지 않는 나라를 받았은즉 은혜를 받자 이로 말미암아 경건함과 두려움으로 하나님을 기쁘시게 섬길지니"(히 12:22-23, 28).

그 영원한 하나님 나라에 대한 여러 가지 표현이 등장합니다.

'시온 산', '하나님의 도성', '하늘의 예루살렘', '천만 천사들이 있는 곳', '하늘에 기록된 장자들의 모임', '교회'(완성된 공동체), '만민의 심판자이신 하나님과 온전하게 된 의인의 영들이 있는 그곳', 이곳이 바로 완성된 천국입니다.

그리고 28절에 '그러므로 우리가 흔들리지 않는 나라를 받았은 즉', 그렇습니다. 우리가 바라보는 그 나라는 흔들리지 않는 나라입니다. 영어로 '흔들리지 않는'(unshaken, cannot be shaken) 그 영원한 나라를 받았은즉 이로 말미암아 경건과 두려움으로 하나님을 기쁘게 섬기자고 말합니다.

《천로역정》 2편의 거의 마지막에 이런 메시지가 있습니다.

"그로부터 며칠 후 정직 노인의 집에 배달문이 도착하였다. 그대는 아버지의 집에서 당신의 주님을 만날 채비를 하십시오! 떠날 날이 되자 정직은 마지막으로 선한 양심을 만나 작별을 나누었고 그가 손을 잡아주어 강을 무사히 건널 수 있었다. 그는 '은혜가 나를 다스리신다'는 마지막 고백을 남기고 강 건너편으로 떠났다. 이어서 진리의 용사도 부름을 받았다. '저 이제 아버지의 집으로 갑니다. 나의 칼은 다음 순례자에게 주겠습니다. 그러나 내 몸의 상처는 내가 주를 위해 싸움을 싸운 증거로 가지고 가겠습니다.' 그는 마지막으로 '사망아, 너의 쏘는 것이 어디 있느냐!'고 부르짖고 강을 건넜다."

이 고백이 이 위대한 고전의 마지막 대미를 장식하는 장엄한 순간입니다. 얼마나 아름답게, 또 얼마나 장엄하게 묘사된 고백인지요!

결론입니다. 하나님 나라는 이미 왔으나, 아직은 완성되지 않은 나라입니다. 이 말이 이해가 되십니까? 여기 하나님 나라의 현재성과 미래성이 있습니다. 우리가 하나님 나라의 미래성에만 시선을 두고 현재를 보지 못한다면 어떻게 될까요? 장차 올 하나님 나라, 들어갈 하나님 나라만 보고 지금 여기서 이루어지고 있는 하나님 나라를 바라보지 않는다면 어떻게 될까요? 천국 갈 생각만 하고 이 땅에서는 아무것도 안 하게 되겠지요. 그렇게 되면 현실 도피적 크리스천이 될 수 있습니다. 그러나 또 보십시오. 우리가 하나님 나라의 현재성만 바라보고 지금 여기서 이루어지고 있는 그 나라를 바라보면서 미래의 나라를 바라보지 못한다면 어떻게 될까요? 여러 가지 현상이 일어날 것입니다. 하나님 나라가 이루어지도록 노력했으나 안 되니까 절망할 수도 있고 좌절할 수도 있을 것입니다. 그런데 여러분, 이런 것을 생각해 보십시오. 저는 가장 강렬한 그리스도인의 삶을 살고 주님 앞에서 가장 많이 칭찬 받을 사람들이 누굴까를 종종 생각합니다. 《천로역정》에도 나오지만, 바로 순교자들입니다. 《천로역정》의 '신실'(Faithful) 같은 순교자를 떠올려 보십시오.

여러분! 순교자들이 순교할 수 있는 용기가 어디에서 나왔다고 생각하십니까? 천국이 없다면 순교할 수 있을까요? 천국의 소망이 있었기 때문에 강하고 담대하게 세상의 악들과 싸우고, 신앙을 타협하지 않고, 순교할 수 있었던 것이라고 저는 믿습니다. 사실은 하나님 나라의 미래적 소망을 갖는다는 것은, 현재 지금 여기서 그리스도인다운 책임 있는 삶을 살기 위해서도 필요합니다. 그래서 그 소망, 궁극적인 하나님 나라의 소망이 절대로 약화되면 안 된다고 생각합니다. 그 소망이 있어야 현실 속에서도 하나님의 정의를 이루고, 하나님의 평화를 이루며, 여기서도 삶을 치열하게 살 수가 있는 것입니다.

그렇다면 그 하나님 나라의 궁극적인 소망을 갖고 있는 사람들이 이 땅에서 사는 동안 어떤 일을 하면서, 어떤 사역을 하면서 주님 앞에 가는 그 길을 준비해야 할까요?

《천로역정》1편과 2편, 특히 2편을 통해 주인공 크리스천과 그의 가족, 그리고 그들과 함께했던 순례자들이 보여준 사역들이야말로 우리가 이 땅에서 하나님 나라를 어떻게 소망하며 살 것인가를 보여주는 진수라고 할 수 있습니다. 하나님 나라는 하나님 나라 사역들을 통해서 드러나기 때문입니다.

저는 이 위대한 고전《천로역정》을 다시 꼼꼼히 독서하며 최소한 13가지의 사역들을 발견할 수 있었습니다. 물론 하나님 나라 사역들은 이 13가지 사역 말고도 얼마든지 존재할 수 있습니다. 그러나 《천로역정》이 제시하는 사역들을 열거하며 주님이 저와 여러분에게 주신 은사와 재능으로 앞으로 남은 시간을 어떻게, 어떤 사역으로 하나님 나라를 섬길 것인지 인도함 받으시기를 기도합니다. 그리고 시간이 허락되면 가평 천로역정 공원에서 함께 만나 차 한 잔의 교제, 하나님 나라의 교제를 기대해 보겠습니다.

1.

천로역정과
전도 사역

◇◇◇

"말씀의 빛으로
　　　십자가 앞에 나오게 하십시오"

"하나님 앞과 살아 있는 자와 죽은 자를 심
판하실 그리스도 예수 앞에서 그가 나타나
실 것과 그의 나라를 두고 엄히 명하노니 너
는 말씀을 전파하라 때를 얻든지 못 얻든
지 항상 힘쓰라 범사에 오래 참음과 가르침
으로 경책하며 경계하며 권하라 때가 이르
리니 사람이 바른 교훈을 받지 아니하며 귀
가 가려워서 자기의 사욕을 따를 스승을 많
이 두고 또 그 귀를 진리에서 돌이켜 허탄
한 이야기를 따르리라 그러나 너는 모든 일
에 신중하여 고난을 받으며 전도자의 일을
하며 네 직무를 다하라 전제와 같이 내가 벌
써 부어지고 나의 떠날 시각이 가까웠도다"

(딤후 4:1-6).

인생의 나그네로 마지막 남기는 말

인생에서 가장 중요한 말을 하는 순간은 언제일까요? 아마도 죽음을 의식하게 되는 때일 것입니다. 그런 말을 우리는 '유언'이라고 합니다. 수년 전 〈월간 조선〉에 기획 특집으로 "미리 쓰는 명사들의 유언"(이상희, 2005. 6.)이란 연재 기사가 있었습니다. 그 기사에 소개된 유언들입니다.

"이 아비와의 탯줄을 끊고 홀로 서거라", "소아마비 장애인을 남편으로 맞아 준 당신과 저세상에서도 살고 싶소", "나도 결국 이렇게 되는 구나", "아들딸아 소처럼 묵묵히 걸어가거라", "한평생 정직하게 살고 싶었지만 정직하게 살지 못했다", "괜찮아, 괜찮아, 정말 괜찮아", "세상을 향해서는 주저 없이 외쳐라. 하지만 정말로 사랑하는 사람에게는 말을 아껴라", "더 많이 들어주라. 잘 듣는 것, 경청이야말로 사랑하고 베푸는 일의 기본이다", "나 죽거든 땅에 묻지 말고 화장해서 그 유분일랑 내 아버지, 어머니 묻혀 있는 교회 묘지에 뿌려주길 바란다", "많이 부족했지만 그래도 사랑했노라. 정말 사랑했노라", "내 사랑하는 자식들아 아빠가 다시 말한다. 미안해", "죽는 건 장난이 아니구나", "매시 매초가 행복한 나날이었다", "딸들아, 너희 엄마를 부탁한다", "부디 시간을 아껴 쓰라. 너희를 여기에 부른 신의 뜻을 생각하라", "제 영전에 장미꽃 한 송이를 놓아주십시오."

바울 사도가 남긴 유언은 이러합니다.

"전제와 같이 내가 벌써 부어지고 나의 떠날 시각이 가까웠도다"(딤후 4:6).

디모데후서는 바울 사도의 마지막 편지로 그가 로마에 두 번째로 투옥된 상태에서 쓴 편지입니다. 바울이 가장 사랑한 그의 후계자 디모데에게 개인적으로 마지막 당부를 하며 기록한 말씀입니다.

다음 말씀에서 그가 얼마나 진지한 마음으로 이 편지를 기록하는지를 알 수가 있습니다.

"하나님 앞과 살아 있는 자와 죽은 자를 심판하실 그리스도 예수 앞에서 그가 나타나실 것과 그의 나라를 두고 엄히 명하노니 너는 말씀을 전파하라 때를 얻든지 못 얻든지 항상 힘쓰라 범사에 오래 참음과 가르침으로 경책하며 경계하며 권하라"(딤후 4:1-2).

"그러나 너는 모든 일에 신중하여 고난을 받으며 전도자의 일을 하며 네 직무를 다하라"(딤후 4:5).

한마디로 바울의 마지막 유언은 '전도자의 일을 하라'는 것입니다. 우리는 흔히 전도자 하면 집회 강사나 여러 곳을 다니며 설교하는 스피커를 연상할지 모릅니다. 그런데 여기 사용된 헬라어 '유앙겔리스테스'(eujaggelisthv")라는 말은 대상이 여러 사람이든 한 사람이든 상관없이 '복음을 전하는 모든 개인'을 뜻하는 말입니다. 다시 말하면 모든 그리스도인은 전도자의 일을 해야 한다는 말입니다. 그러면 전도자의 직무(diakonia, ministry)는 무엇입니까?

그리스도인이 감당해야 할 전도자의 직무

첫째, 전도자는 말씀으로 사람들을 십자가에 도달하게 합니다.

존 번연의 고전 《천로역정》은 주인공 '크리스천'이 두루마리 성경을 읽다가 고민에 빠져 부르짖는 모습으로 시작합니다. "내가 어떻게 구원을 얻을 수 있단 말인가?" 하고 울부짖은 것입니다. 이때 '전도자'(Evangelist)가 등장합니다. 그리고 그 역시 두루마리 책을 펴서 말씀을 보여 줍니다. "임박한 진노를 피하라"고 그에게 말하자, 크리스천이 묻습니다. "어디로 피해서 가야 합니까?"라고. 전도자는 다시 손가락으로 넓은 들판을 가리키며 "저기 좁은 문이 보입니까?" 하고 묻습니다. "아니오" 하자, "그럼 저쪽에 밝게 빛나는 불빛이 보입니까?"라고 묻습니다. "바로 그 불빛을 따라 앞으로 가면 좁은 문이 나타날 것입니다. 거기 문을 두드리면 당신이 무엇을 해야 할지를 듣게 될 겁니다." 존 번연은 '불빛'을 말하는 장면에 두 개의 성구를 첨부합니다.

"주의 말씀은 내 발에 등이요 내 길에 빛이니이다"(시 119:105).

"또 우리에게는 더 확실한 예언이 있어 어두운 데를 비추는 등불과 같으니 날이 새어 샛별이 너희 마음에 떠오르기까지 너희가 이것을 주의하는 것이 옳으니라"(벧후 1:19).

불빛의 인도는 말씀의 인도를 뜻하는 것이었습니다.

이제 크리스천은 등에 짐을 지고 전도자가 안내한 대로 좁은 문에 도착하여 문을 두드리게 됩니다. 그때 문을 열어 크리스천을 영접한 '선의'(Good-will)는 그에게 십자가 언덕, 구원받는 장소까지 가야 짐을 벗을 수 있다고 가르쳐 줍니다. 드디어 크리스천이 십자가 언덕에 이르러 십자가를 바라보자 지금까지 지고 온 무거운 짐이 벗겨지며 광명의 세 천사가 등장합니다.

첫 번째 천사는, "당신의 죄가 사함을 받았느니라"고 선포합니다. 두 번째 천사는, 그가 입고 있던 누더기 옷 대신 '새 옷'을 입혀 줍니다. 그리고 세 번째 천사는, 그의 이마에 '인'을 쳐 주고 봉인된 두루마리를 건네면서 달려가 이 두루마리를 읽고 천국 문에서 그것을 제시하라고 일러 줍니다.

이 세 천사는 구원 사역을 이루시는 삼위 하나님의 사역을 상징합니다. 죄 사함을 선포하는 천사는 '성부 하나님'의 그림이고, 죄의 누더기 옷을 벗기고 아름다운 옷을 입히는 둘째 천사는 우리를 의롭다 하시는 '성자 하나님'의 그림이고, 크리스천에게 인을 쳐 우리가 하나님의 소유임을 선언하고 두루마리 성경을 선물하는 이는 '성령 하나님'의 그림입니다. 이 모든 일이 십자가에서 우리를 위해 죽으시고 다시 사신 예수 그리스도로 말미암아 일어난 사건입니다.

　그렇습니다. 전도자가 하는 일이 무엇입니까? 하나님의 말씀의 빛으로 우리가 죄인임을 깨우쳐 주는 일입니다. 좁은 문을 통과하여 우리를 위해 십자가에서 죽으시고 부활하신 예수 그리스도를 주로 시인하고 영접함으로 구원을 얻게 하는 일입니다. 전도자의 직무는 말씀으로 죄인들을 십자가 앞으로 인도하여 십자가에서 죽으시고 부활하신 예수 그리스도를 믿어 구원받게 하는 일입니다. 그러면 지금 우리는 그런 전도자의 직무를 날마다 감당하고 있을까요? 지금까지 나를 통해 십자가 앞으로 인도된 영혼들이 얼마나 될까요?

둘째, 전도자는 사람들이 다시 율법주의로 되돌아가지 않게 해야 합니다.

《천로역정》에서 전도자는 처음 장면에 한 번만 출연하지 않습니다. 멸망의 도시를 떠나 십자가 언덕과 궁극적으로 시온 성으로 가게 하는 역할만 하고 사라지는 것이 아닙니다. 적어도 앞으로 두 번 이상 다시 순례 길에 등장하여 크리스천의 길을 안내합니다. 이것은 전도자가 누군가를 만나 단 한 번 복음을 전하는 것으로 그의 직무가 끝나는 것이 아님을 의미합니다. 복음주의권에서는 이것을 '양육'(Follow-up)이라고 불렀습니다. 전도자는 양육까지 책임을 져야 한다는 뜻입니다.

"그러므로 너희는 가서 모든 민족을 제자로 삼아 아버지와 아들과 성령의 이름으로 세례를 베풀고 내가 너희에게 분부한 모든 것을 가르쳐 지키게 하라 볼지어다 내가 세상 끝날까지 너희와 항상 함께 있으리라 하시니라"(마 28:19-20).

마태복음 28장 19-20절 지상명령 본문에 의하면 전도자는 복음을 전하여 이 복음을 받은 자들에게 아버지와 아들과 성령의 이름으로 '세례'(침례)를 베푸는 데서 직무가 끝나지 않습니다. 그 다음 사역 '가르쳐 지키게 하는 일'까지 해야 합니다. 그 때에 비로소 크리스천은 온전한 성도로 성숙해질 수 있기 때문입니다.

《천로역정》에서 전도자가 크리스천에게 두 번째 등장해 도움을 주는 것은 '도덕골'(A village called Morality)의 언덕을 오르다가 불꽃에 휩싸여 죽음에 대한 두려움을 느낄 때였습니다. 어느새 크리스천은 십자가 언덕으로 가면서 복음이 아닌 도덕을 의지하고 있었습니다. 전도자의 충고를 망각하고 '세속 지혜'(Worldly wiseman)의 충고를 받아들인 까닭이었습니다.

실제로 바울 서신을 읽어 보면 처음에 복음을 받아들이고 믿음의 길을 가다가 율법을 지키는 것이 마치 구원의 길인 것처럼 착각하고 율법주의에 빠진 교회가 있었습니다. 바로 갈라디아교회였습니다. 바울은 이런 갈라디아 교인들을 향해 개탄하고 있습니다.

"내가 너희에게서 다만 이것을 알려 하노니 너희가 성령을 받은 것이 율법의 행위로냐 혹은 듣고 믿음으로냐 너희가 이같이 어리석으냐 성령으로 시작하였다가 이제는 육체로 마치겠느냐"(갈 3:2-3).

십자가에서 우리를 위해 죽으시고 다시 사신 예수님을 믿음으로 신앙의 길을 출발한 이들이 어느새 복음을 포기하고 도덕(율법)을 의지하는 수준으로 돌아선 사람들, 이런 유형의 순례자들을 갈라디아주의의 오류에 빠진 교인들이라고 할 수 있습니다. 이런 오류의 길에 들어섰던 크리스천 앞에 등장한 전도자는 다음 말씀을 주어 그의 길을 다시 돌이키게 합니다.

"나의 의인은 믿음으로 말미암아 살리라 또한 뒤로 물러가면 내 마음이 그를 기뻐하지 아니하리라"(히 10:38).

결국 도덕이나 율법을 구원의 방편으로 의지하는 것은 율법을 깨트렸을 때 그 율법이 경고한 사망과 형벌을 피할 수 없는 것입니다. 《천로역정》에서 크리스천은 마침내 이렇게 고백합니다.

"당신(전도자)이 아니었더라면 나는 하나님의 권고를 외면하고 평화의 길에서 파멸과 멸망의 길에 들어설 뻔했습니다."

여기서 우리는 전도자의 또 하나의 미션을 발견합니다. 전도자는 그들이 전도한 사람들이 복음의 길에서 탈선하지 않고 계속 그 길에 머물러 걸음을 지속할 수 있도록 도와야 합니다. 그렇습니다. 전도자의 중요한 직무의 하나는 복음을 받은 영혼들이 다시 율법으로 돌아가지 않도록 지켜 주는 일입니다.

셋째, 전도자는 사람들이 허영의 시장에 미혹되지 않도록 경고해야 합니다.

전도자는 크리스천이 순례 여정에서 '허영의 시장'(Vanity Fair)에 들어가기 직전 세 번째 등장합니다. 크리스천과 '신실'이란 두 친구는 서로 광야에서 만나 유익한 도움을 주고받으며, '사망의 음침한 골짜기'(The Valley of the Shadow of Death)에서의 사단의 공격을 잘 견디고 여기까지 왔던 것입니다. 순례 길에서 좋은 친구를 만나 교제한다는 것이 얼마나 중요한 것인가를 크리스천과 신실의 만남에서 배울 수 있습니다. 이 두 친구는 전도자를 만나 그의 격려를 받게 됩니다.

"…너희도 상을 받도록 이와 같이 달음질하라"(고전 9:24).

그리고 전도자는 지금까지 먼 길을 잘 달려왔는데 갑자기 이 길에 끼어들어 둘에게서 상을 빼앗아 갈 자가 있음을 경계하라고 말하며, 두 사람에게 성경 말씀을 선물로 베풉니다.

"내가 속히 오리니 네가 가진 것을 굳게 잡아 아무도 네 면류관을 빼앗지 못하게 하라"(계 3:11).

특히 전도자는 크리스천과 신실이 허영의 시장에 들어설 때 그들을 기다리는 유혹과 박해에 대해서도 경고합니다. 일종의 예언적 경고라고 할 수 있습니다. 여기 전도자의 또 하나의 중요한 사명이 있습니다. 전도를 받은 이들이 예언적 경고를 통해 믿음에 굳게 서도록 돕는 일입니다. 전도자는 자기가 전도한 사람들을 영적 어미처럼 따뜻하게 격려하고 보호할 필요가 있습니다. 그러나 동시에 그들이 그릇된 길을 가지 않도록 영적 아비처럼 엄중하게 경고할 필요도 있습니다. 바울 사도도 경고했다고 말하지 않습니까?

"너희도 아는 바와 같이 우리가 너희 각 사람에게 아버지가 자기 자녀에게 하듯 권면하고 위로하고 경계하노니"(살전 2:11).

특히 두 가지 경계가 필요했습니다. 하나는 헛된 가치들의 유혹입니다. 예수님도 세상 광야에서 받으셨던 시험입니다.

"이는 세상에 있는 모든 것이 육신의 정욕과 안목의 정욕과 이생의 자랑이니 다 아버지께로부터 온 것이 아니요 세상으로부터 온 것이라"(요일 2:16).

예수님은 이 모든 시험을 말씀으로 이기셨습니다. 그러므로 우리도 인생의 광야 중 하나인 허영의 시장에서 승리하기 위한 말씀의 무장이 필요합니다.

무엇보다 허영의 시장에서 크리스천과 신실이 경험해야 할 박해에 대한 준비의 말씀을 전도자는 전합니다. 그들이 허영의 시장에 들어가면 많은 대적에게 에워싸임을 당할 것이라고 말합니다. 그리고 당신 중 누군가가 피로써 믿음을 증거하게 될 것이라고 말하면서 두 개의 중요한 성구를 전달합니다.

"제자들의 마음을 굳게 하여 이 믿음에 머물러 있으라 권하고 또 우리가 하나님의 나라에 들어가려면 많은 환난을 겪어야 할 것이라 하고"(행 14:22).

"…네가 죽도록 충성하라 그리하면 내가 생명의 관을 네게 주리라"(계 2:10).

전도자는 그들이 전도한 영혼이 최후의 승리자가 되도록 계속 중보하고 권면하고 인도해야 할 책임이 있다는 것입니다. 그래서 바울의 마지막 유언처럼 "…오래 참음과 가르침으로 경책하며 경계하며 권해야 하는 것"입니다. 많은 사람을 전도하는 것도 중요하지만 우리가 전도한 이들이 아름다운 열매가 되도록 가르쳐 지키게 하는 일은 얼마나 더 중요한 일인지요! 허영의 세상 광야에서 최후의 승리자가 되도록 말입니다.

 묵상 질문 _____

1. 전도자의 직무 혹은 책임은 무엇입니까?

　　1)
　　2)
　　3)

2. 전도자의 삶을 살고 있나요? 나를 통해 십자가 앞으로 영혼들을 인도하기 위해 무엇이 더 준비되어야 할까요?

2.

천로역정과
교회 사역

◇◇◇

"교회는 순종의 벽돌로
　　　　　세워져야 합니다"

"내가 속히 네게 가기를 바라나 이것을 네게 쓰는 것은 만일 내가 지체하면 너로 하여금 하나님의 집에서 어떻게 행하여야 할지를 알게 하려 함이니 이 집은 살아 계신 하나님의 교회요 진리의 기둥과 터니라 크도다 경건의 비밀이여, 그렇지 않다 하는 이 없도다 그는 육신으로 나타난 바 되시고 영으로 의롭다 하심을 받으시고 천사들에게 보이시고 만국에서 전파되시고 세상에서 믿은 바 되시고 영광 가운데서 올려지셨느니라"

(딤전 3:14-16).

살아계신 하나님의 집, 교회

성경에는 교회의 존재와 사역을 드러내는 여러 가지 상징이 등장합니다. 예컨대 그리스도의 신부, 몸과 지체, 포도나무와 가지, 성막과 성전 등입니다. 그러나 교회를 보여주는 가장 따뜻한 상징은 교회가 '하나님의 집'(House of God) 혹은 '하나님의 가족'(Family of God)이라는 것입니다.

바울 사도가 평생을 통해 가장 오랫동안 한 곳에 머물며 섬긴 교회는 에베소교회였습니다(약 3년). 그러나 이제 바울은 세계 선교를 위해, 특히 마게도냐 지역 선교를 위해 에베소를 떠나며 자신의 지도력을 디모데에게 승계하고자 했습니다. 그리고 디모데가 에베소교회를 잘 다스리는 리더십을 발휘할 것을 기대합니다.

"내가 마게도냐로 갈 때에 너(디모데)를 권하여 에베소에 머물라 한 것은 어떤 사람들을 명하여 다른 교훈을 가르치지 말며"(딤전 1:3).

"이 교훈은 내게 맡기신 바 복되신 하나님의 영광의 복음을 따름이니라"(딤전 1:11).

그리고 디모데전서 3장에 이르러 교회의 영적 지도자들의 자격을 논하며 이렇게 말합니다.

"사람이 자기 집을 다스릴 줄 알지 못하면 어찌 하나님의 교회를 돌보리요"(딤전 3:5).

이런 배경에서 바울이 디모데와 함께하지 못하는 동안 그가 하나님의 교회 사역을 잘 감당해 주기를 기대하며 이 편지를 쓴 것입니다.

"내가 속히 네게 가기를 바라나 이것을 네게 쓰는 것은 만일 내가 지체하면 너로 하여금 하나님의 집에서 어떻게 행하여야 할지를 알게 하려 함이니 이 집은 살아 계신 하나님의 교회요 진리의 기둥과 터니라"(딤전 3:14-15).

진실로 바울 사도는 자신의 후계자 디모데가 하나님의 집인 하나님의 교회를 잘 다스리는 사역을 감당하는 것을 보고 싶어 한 것입니다. 그렇다면 이런 교회 사역의 본질은 무엇일까요?

하나님 나라를 선포하는 교회 사역

첫째, 영적 지도자의 인도를 통해 실현되는 사역입니다.

기독교 교회 역사를 통해 혹은 성경에 영적 지도자에 대한 여러 가지 명칭이 존재해 왔습니다. 오늘날은 오히려 단순화된 느낌입니다. 개신교에서는 목사라는 칭호로 보편화되었습니다. 디모데전서 3장 1-7절에서는 그들을 감독으로 불렀고 그들의 중요한 책임 하나가 '가르치기를 잘 하는 일'이었습니다.

《천로역정》을 보면 순례자 크리스천이 순례의 길을 떠난 지 얼마 되지 않아 '해석자의 집'(House of Interpreter)에 들어갑니다. 이 해석자도 바로 순례자의 여정에 도움을 주는 지도자입니다. 그런데 이 집에 들어서자마자 해석자는 가장 먼저 기품 있는 인물의 초상화를 보여줍니다. 그의 두 눈은 하늘을 바라보고 있었으며, 손에는 책들을 들고 있고, 그의 입술에는 진리의 법이 새겨져 있으며, 머리에는 황금 면류관이 씌워져 있었습니다. 존 번연은 이 초상화에 자신이 생각한 영적 지도자의 모습을 투사하고 있었던 것이 아니었나 싶습니다.

영적 지도자는 하나님의 진리의 말씀을 해석해서 전달함으로써 사람들을 인도하고, 후일 하나님의 면류관을 받을 자라는 것입니다. 영적 지도자에 대한 묘사는 '기쁨의 산지'에 도달해서 만나는 목자들을 통해 보다 상세하게 알 수 있습니다. 존 번연이 사용한 목자들의 이름 자체가 목자들의 사역을 말하고 있기 때문입니다.

《천로역정》에서 만나는 4명의 목자 이름은 '지식', '경험', '경계', '성실'입니다. 은사에 따른 목자 역할의 다양성을 알 수 있습니다. 어떤 목자는 '지식'(Knowledge)을 제공합니다. 목자는 양들에게 필요한 영적 지식을 공급해서 그들을 하나님에게로 인도해야합니다. 또 어떤 목자는 '경험'(Experience)을 제공합니다. 목자에게 주어진 영적 은사를 통해 양들이 영적 체험을 할 수 있도록 인도함으로써 신앙을 더욱 견고하게 합니다. 또 어떤 목자들은 양들에게 '경계'(Watchful)를 제공해서 거짓된 가르침에 미혹되지 않도록 도와야 합니다. 그리고 어떤 목자는 '성실'(Sincere)의 모본을 보임으로써 양들의 영적·인격적 성숙을 도와야 합니다.

《천로역정》의 목자상이 비교적 긍정적일 수 있었던 것은 존 번연이 구도자로 진리를 찾는 과정에서 좋은 목자를 만난 경험이 있어서입니다.

제가 존 번연이 구도자 시절 그가 출석하던 영국 베드포드시의 성 요한교회를 방문한 적이 있습니다. 당시 목사였던 존 기포드(John Gifford) 목사관 벽에는 "이 장소에서 존 번연은 존 기포드 목사에게 영적 도움을 추구하였다"라고 쓰여 있었습니다. 존 번연은 존 기포드 목사와 상담하는 과정을 통해 구원의 확신과 목사의 소명도 갖게 되었습니다. 그리고 그의 영향으로 침례교 목사가 되었습니다. 우리가 신앙의 여정 초기에 좋은 목자를 만나 영적 도움을 받는 것은 복된 일입니다.

우리는 교회를 위해 중보할 때 무엇보다 교회의 목자들이 성령 충만한 건강한 지도자들이 되도록 기도해야 할 것입니다. 건강한 지도자가 건강한 교회를 인도해 갈 수 있기 때문입니다. 그리고 이런 지도자들을 귀히 여기고 리더십을 존중해야 합니다.

"너희를 인도하는 자들에게 순종하고 복종하라 그들은 너희 영혼을 위하여 경성하기를 자신들이 청산할 자인 것 같이 하느니라. 그들로 하여금 즐거움으로 이것을 하게 하고 근심으로 하게 하지 말라 그렇지 않으면 너희에게 유익이 없느니라"(히 13:17).

둘째, 성경의 가르침으로 서로를 세우는 사역입니다.

교회의 영적 지도자에 대한 말씀을 먼저 드렸습니다만 교회 사역은 목사에 의해서만 이루어지는 것은 아닙니다. 교회의 지체된 성도 상호 간의 가르침과 섬김으로 사역이 총체적으로 진행되는 것입니다.

《천로역정》의 '아름다운 집'(House Beautiful)에서 이러한 성도 간의 가르침과 섬김이 실감나게 이루어지고 있습니다. 순례자 크리스천이 이 집에 도착했을 때 문지기는 그를 환영하며 "이 집은 순례자들의 안전과 휴식을 위해 예비된 집"이라고 말합니다. 이 집에는 평화의 방이 있고, 서재가 있고, 무기고가 있었습니다. 이것들은 교회의 3가지 사역을 뜻합니다. 이는 교회가 영적 평화를 제공하고, 영적 지식을 공급하고, 영적 무장을 준비하는 곳임을 보여줍니다.

무엇보다 그 집에는 순례자들을 섬기고자 준비된 성도들이 있었습니다. 성도들의 이름은 '신중'(Discretion), '분별'(Prudence), '경건'(Piety), '자선'(Charity)이었습니다. 아름다운 집에서 순례자 크리스천은 성도들의 사랑과 섬김을 받으면서 영적 회복을 경험하게 됩니다. 그리고 이런 따뜻한 경험을 통해 순례자 크리스천은 교회가 살아계신 하나님의 집이며, 성도들이 바로 우리의 영적 가족이며 지체임을 경험하게 됩니다.

그러나 거기에서 끝나면 안 됩니다. 교회 사역의 핵심은 진리를 가르치는 일입니다. 그때 비로소 교회는 "이 집은 진리의 기둥과 터"라는 기대를 실현하게 됩니다. 그리고 그 진리의 핵심은 예수 그리스도이십니다.

"크도다 경건의 비밀이여, 그렇지 않다 하는 이 없도다. 그는 육신으로 나타난 바 되시고 영으로 의롭다 하심을 받으시고 천사들에게 보이시고 만국에서 전파되시고 세상에서 믿은 바 되시고 영광 가운데서 올려지셨느니라"(딤전 3:16).

이 예수 그리스도의 진리 되심을 바르게 가르칠 때 교회는 진리의 기둥과 터로 바르게 세워지는 것입니다. 이런 이유에서 교회 사역의 중요한 방편으로 신앙 교육의 필요가 등장합니다.

《천로역정》 2편에 보면 이제 크리스천의 아내 크리스티아나(Christiana)가 네 아들 '마태'(Matthew), '사무엘'(Samuel), '요셉'(Joseph), '야고보'(James)와 더불어 이 아름다운 집에 도착하여 머무는 동안 '교리문답'(catechism)을 하게 됩니다. 목사가 하는 것이 아니라, '분별'이라는 성도가 합니다. 분별은 영적 지식을 갖춘 성숙한 성도의 모형이라고 할 수 있습니다. 목사가 아니라 할지라도 교회 내 성숙한 성도들이 초신자, 신앙이 연약한 분들, 그리고 다음 세대의 신앙 교육을 책임질 수 있어야 한다는 레슨입니다. 청교도 시대에는 교리문답이 신앙 교육의 중요한 방편이었습니다.

우리는 '신중'과 크리스천의 네 아들이 나누는 교리문답을 통해 옛 성도들, 특히 청교도 시대 성도들의 진리에 대한 깊고 넓은 관심을 엿볼 수 있습니다. '하나님의 창조', '삼위일체 하나님', '인간', '구원의 교리', '천국과 지옥', '성경', '죽은 자들의 부활' 등에 대하여 묻고 있습니다. 우리는 하나님의 진리를 가르침으로 교회를 하나님의 진리의 기둥과 터로 세워가야 합니다. 그 예로 미국의 전 대통령 지미 카터(Jimmy Carter)는 주일학교 성경 교사로 90대가 되어서도 섬겼습니다.

셋째, 하나님 나라를 선포하고 드러내는 사역입니다.

순례자 크리스천이 아름다운 집에 머무는 동안 이 집의 가족은 그를 옥상에 데리고 올라갑니다. 남쪽 산 마을을 바라보게 하며 그곳이 '임마누엘의 땅'이라고 말합니다. 거기에는 수풀과 포도원, 온갖 종류의 과일과 꽃, 샘물과 분수가 어우러져 즐거움을 주는 땅이었습니다. 거기가 '기쁨의 산지'라고 말합니다. 그곳은 아름다운 집과 마찬가지로 순례자들을 위해 예비된 곳이며, 당신이 그곳에 도착하면 목자들이 천국 문을 보여 줄 것이라고 말합니다.

아름다운 집이 교회의 상징이라면 교회를 통해서 천국을 볼 수 있다는 메시지입니다.

그리고 크리스천이 기쁨의 산지에 도착하자 목자들은 '선명'(Clear)이라는 봉우리에서 망원경으로 천국 문을 보게 합니다. 크리스천과 '소망'(Hopeful)은 그곳을 떠나며 천국의 영광을 본 것 같았다고 고백하며 노래를 부릅니다. "목자들이 드러내 보여 주었네. 다른 이들에게는 단단히 감추어진 비밀. 목자들에게 가 보라. 오묘한 일, 감추어진 일, 그 신비로운 일을 보고 싶다면." 목자들에게 주어진 중요한 미션은 천국, 곧 하나님 나라를 보여주는 일임을 알 수 있습니다.

이천 년 전 예수님이 이 땅에 오셨을 때 첫 번째 설교 주제는 "회개하라 하나님 나라(천국)가 가까웠다"(마 3:2 참조)는 말씀이셨습니다. 그리고 예수님은 열두 제자를 부르시고 그들로 하나의 공동체를 이루게 하셨습니다. 또한 수제자 베드로에게 예수가 그리스도라고 고백하는 그의 신앙 고백에 근거하여 마태복음 16장 18-19절에서 말씀하십니다.

"또 내가 네게 이르노니 너는 베드로라 내가 이 반석 위에 내 교회를 세우리니 음부의 권세가 이기지 못하리라 내가 천국 열쇠를 네게 주리니 네가 땅에서 무엇이든지 매면 하늘에서도 매일 것이요 네가 땅에서 무엇이든지 풀면 하늘에서도 풀리리라 하시고."

교회 공동체를 통해 우리가 천국 곧 하나님 나라에 들어가게 될 것이라고 강조하신 것입니다.

교회가 세워진 목적은 바로 하나님 나라 건설입니다. 교회가 복음을 전하면 사람들은 예수를 구원의 주로 영접하고 하나님의 다스림에 복종하게 될 것입니다. 그러므로 복음이 전파될 때마다 하나님의 통치권은 확장됩니다. 이것이 바로 천국 건설의 미션입니다. 그렇다면 교회는 복음 증거의 명령에 따라 천국 복음을 증거하며 동시에 주께 대한 성도들의 순종하는 삶을 통해 주님이 통치하시는 천국을 세상에 보여주는 일을 지속해야 합니다. 그렇게 함으로 교회는 하나님 나라를 선포하고 드러내는 사명을 완수해야 합니다.

일제 강점기에 목숨을 걸고 복음을 전한 선배 목사님 중에 최권능(본명 최봉석) 목사님이 계십니다. 그의 전도 메시지는 그 유명한 "예수 천당"이었습니다. 하루는 일본 경찰(군인 장교라는 설도 있음)이 지나가는데, 그를 향해 "예수 천당"이라고 외쳤다가 잡혀 가 심문을 받게 됩니다.

"당신은 무슨 이상한 소리를 외치고 다니는 것이냐?"

경찰이 묻자, 그는 이번에도 "예수 천당"이라고 말합니다. 그러자 일본 경찰이 "아니 천당이 정말 있다고 당신은 믿소?" 그러자 그는 "예, 확실합니다"라고 고백합니다. 그러자 "천당이 있다면 내게 천당을 보여주겠나?"라고 묻자, 이 때 최권능 목사는 유명한 말을 남깁니다. "천당 본점은 아직 보여줄 수 없어도 천당 지점은 언제든지 보여줄 수 있소. 바로 내 마음이 천당 지점이오."

그렇습니다. 예수님이 진실로 그리스도인의 인생의 주인 되시어 우리 마음을 다스린다면 거기에 천국이 임합니다. 그리고 한 걸음 더 나아가 믿는 사람의 공동체인 교회야말로 천국을 보여주고 천국을 드러내는 천국 지점입니다. 우리는 교회가 교회 될 수 있도록 교회의 지체로서 그 역할과 사명을 다함으로 하나님 나라를 선포하고 드러내야 할 줄로 믿습니다.

1. 교회 사역의 본질은 무엇일까요?

2. 내 인생 순례길에도 영적 도움을 받은 지도자가 있나요? 오늘날 진정한 영적 지도자의 모습은 어떠해야 한다고 생각하나요?

3. 《천로역정》에서 본 '아름다운 집', 곧 교회의 3가지 사역을 우리 교회에서는 어떻게 감당하고 있는지 나누어 봅시다.

    1) 영적 평화 -

    2) 영적 지식 -

    3) 영적 무장 -

3.

천로역정과
가정 사역

◇◇◇

"같은 믿음,
　　　같은 신앙의 가치관을 가지십시오"

"그들을 데리고 나가 이르되 선생들이여 내가
어떻게 하여야 구원을 받으리이까 하거늘 이
르되 주 예수를 믿으라 그리하면 너와 네 집이
구원을 받으리라 하고 주의 말씀을 그 사람과
그 집에 있는 모든 사람에게 전하더라 그 밤
그 시각에 간수가 그들을 데려다가 그 맞은 자
리를 씻어 주고 자기와 그 온 가족이 다 세례
를 받은 후 그들을 데리고 자기 집에 올라가서
음식을 차려 주고 그와 온 집안이 하나님을 믿
으므로 크게 기뻐하니라"(행 16:30-34).

가족을 통해 전해지는 믿음의 유산

《천로역정》이 일부 신학자들과 목회자, 혹은 크리스천들에게
비판을 받아온 부분이 있습니다.《천로역정》에 나온 순례자가 시
온 성, 곧 천국 가는 일에만 지나치게 집중하고 있어서 이 땅에
서의 삶, 가정이나 일터를 외면하고 있다는 것입니다. 특히 가족
을 버려두고 혼자서만 천국으로 떠나갔다는 것을 지적합니다. 실
제로《천로역정》초반에 크리스천은 전도자의 전도를 받고 좁은
문이 있는 불빛을 향해 뛰어갔습니다. 그가 그리 멀리 가지 못했
을 때 아내와 아이들이 그의 모습을 보고 울며 소리칩니다. 어서
집으로 돌아오라고 호소합니다. 그러나 주인공 크리스천은 손가
락으로 귀를 틀어막은 채 "생명, 생명, 영원한 생명"이라고 외치
며 계속해서 달립니다. 그가 뒤도 돌아보지 않고 들판 한가운데

로 도망치듯 내달렸다고 기록되어 있습니다. 피상적으로 판단하면 이런 비판에 우리 또한 동조할 만한 대목입니다. 어떻게 가족을 다 팽개치고 자기 혼자만 천국 가겠다고 할 수가 있겠습니까?

그러나 이런 비판은《천로역정》을 주의 깊게 읽지 못했기 때문입니다. 특히《천로역정》2편을 읽지 못한 단견임을 알아야 합니다. 왜냐하면《천로역정》2편은 주인공 크리스천의 아내 크리스티아나와 네 아들이 남편과 아버지가 간 그 길을 따라 천국으로 향하는 내용이기 때문입니다. 성경은 가족 공동체의 복음화를 매우 중요하게 강조합니다. 히브리서 11장에서 노아에게 있는 믿음의 귀한 증거를 어떻게 기술하고 있는지 주목해 보십시오.

"믿음으로 노아는 아직 보이지 않는 일에 경고하심을 받아 경외함으로 방주를 준비하여 그 집을 구원하였으니 이로 말미암아 세상을 정죄하고 믿음을 따르는 의의 상속자가 되었느니라"(히 11:7).

노아는 어두운 시대를 살면서 자신의 가정을 통하여 그 시대에 믿음의 상속자로 빛을 남겼습니다.

가족 공동체의 복음화 단계

첫째, 누군가가 먼저 가족 중에서 예수를 믿어야 합니다.

우리 가족이 다 예수 믿을 때를 기다려 함께 천국 가겠다고 하면 우리는 어쩌면 평생을 기다려야 할지도 모릅니다. 가족이라도 가족 한 사람 한 사람을 향한 성령의 역사는 다 다르기 때문입니다. 물론 어떤 가족의 경우 한꺼번에 회심이 이루어지는 경우도 있습니다.

본문에 나타난 빌립보 감옥의 간수가 그러한 경우에 해당합니다. 바울은 지금의 소아시아 터키를 떠나 마게도냐 지방의 첫 유럽 도시 빌립보에 와서 복음을 증언했습니다. 그때 루디아라는 이름의 여류 사업가가 먼저 믿음을 고백했습니다. 이어서 귀신 들려 점을 치던 여인도 바울을 만나 귀신에게서 해방되어 예수를 믿게 됩니다. 그러나 그녀를 고용해 경제적 이익을 보던 주인들이 바울 일행을 고발했습니다. 로마 제국이 승인하지 않는 이상한 풍속(종교)을 전한다는 이유로 바울은 감옥에 갇히게 됩니다. 그러나 감옥 안에서도 여전히 기도하고 찬양하자 기적이 일어납니다. 큰 지진이 나서 감옥 문이 열리고 죄수들을 포박하던 족쇄가 풀어진 것입니다. 죄수들을 놓쳐 책임을 추궁받을 것이 두려웠던 간수가 자결을 시도하자 바울은 아무도 도망가지 않았으니 몸을 상하게 하지 말라고 말합니다. 하나님의 역사의 현장을 목격한 간수는 벌벌 떨며 엎드려 묻습니다.

"…선생들이여 내가 어떻게 하여야 구원을 받으리이까 하거늘"(행 16:30).

이 때 전한 바울의 복음 메시지입니다.

"이르되 주 예수를 믿으라 그리하면 너와 네 집이 구원을 받으리라 하고"(행 16:31).

이를 계기로 감옥에서 풀려난 바울은 간수의 가족 모두에게 주의 말씀을 전합니다. 그리고 그날 밤 간수의 집에서는 가족 전체의 회심을 기뻐하는 잔치가 벌어집니다.

"그 밤 그 시각에 간수가 그들을 데려다가 그 맞은 자리를 씻어 주고 자기와 그 온 가족이 다 세례(침례)를 받은 후 그들을 데리고 자기 집에 올라가서 음식을 차려 주고 그와 온 집안이 하나님을 믿으므로 크게 기뻐하니라"(행 16:33-34).

온 가족이 하루 저녁에 다 주께 돌아온 보기 드문 가족 복음화의 사례입니다.

그러나 이렇게 거의 한 날 동시에 한 가족이 주께 돌아오는 것은 예외적인 경우입니다. 대부분은 한 사람이 먼저 믿고, 아직 복음을 알지 못하는 다른 가족에게 박해를 받는 것이 더 보편적이라 할 수 있습니다. 이런 경우 한동안 가족이 원수처럼 행동할 수도 있습니다. 이런 경우를 위해서 예수님은 "사람의 원수가 자기 집안 식구리라"(마 10:36)고 말씀하신 듯합니다. 그러나 한 사람의 분명한 회심과 변화는 남은 식구들에게 마침내 영향을 끼쳐 회심하는 원인이 될 수 있습니다. 저도 그랬고, 《천로역정》의 크리스천도 그런 경우였습니다. 《천로역정》 2편에 크리스티아나는 자신의 네 아들과 함께 천국을 향해 출발하면서 함께 동행할 이웃 '자비'(Mercy) 양에게 이렇게 간증합니다. "내 남편은 내가 그의 말을 듣지 않고 무시하자 매우 슬퍼했답니다. 하지만 우리 주님께서 남편의 눈물을 모아 병에 넣어 두셨기 때문에 나와 당신, 그리고 우리 아이들이 그 눈물의 열매와 그 유익을 지금 거두고 있는 거랍니다." 그러면서 성경 말씀을 인용합니다.

"눈물을 흘리며 씨를 뿌리는 자는 기쁨으로 거두리로다 울며 씨를 뿌리러 나가는 자는 반드시 기쁨으로 그 곡식 단을 가지고 돌아오리로다"(시 126:5-6).

그렇다면 가족 중에 누군가가 먼저 주님 앞에 나와야 합니다. 그리고 자신의 가족을 위해 눈물로 중보해야 합니다. 중보의 병에 기도의 눈물이 차면 마침내 나의 가족이 주님에게 돌아올 것입니다.

둘째, 복음의 가치관을 온 가족이 수용해야 합니다.

우리 가정이 복음의 빛을 발하는 집이 되려면 복음의 가치관을 온 가족이 수용하게 해야 합니다. 그냥 함께 교회 가고 함께 믿는 것만 가지고는 부족합니다.《천로역정》2편에 보면 크리스티아나의 동행들은 여정을 지속하며 인생의 반려자를 만나 결혼을 하게 됩니다. 그런데 그들이 '아름다운 집'에 도착했을 때 '자비' 양을 찾아온 '거품'(Brisk, 겉으론 활발한 것 같지만 진지한 내용이 없는)이라는 이름의 남자가 있었습니다. 약간의 교양을 갖춘 그는 신앙 있는 척했지만 사실은 세상에 집착하는 사람이었다고 증언됩니다.

자비 양은 한가할 때면 양말과 옷을 만들어 가난한 사람들에게 나누어 주곤 했습니다. 거품 씨는 처음에 그녀가 어떤 용도로 양말과 옷을 만드는지 모르고 그녀의 부지런한 생활 태도만 보고 훌륭한 주부라고 생각했습니다. 그래서 그는 자비 양을 찾아가 사랑을 고백합니다. 자비 양은 아름다운 집 성도들에게 그에 대한 평판을 물었습니다. 아름다운 집 식구들은 한결같이 그가 신앙이 있는 척하지만 선한 능력과 가난한 사람들에게 관심이 없다고 말했습니다. '신중'이 자비 양에게 충고하기를, 당신이 가난한 사람들을 향해 일을 계속한다면 당신을 향한 그의 열정은 금방 식을 것이라고 말합니다. 그가 추구하는 가치관이 당신과 다르기 때문이라고 말해 준 것입니다. 실제로 거품 씨가 어느 날 자비 양에게 "당신은 이 옷을 만들어 무엇을 하고자 하십니까? 얼마나 돈을 벌 것이라 기대하십니까?"라고 묻자, "난 이 옷들을 헐벗은 이웃에게 입히고자 합니다"라고 합니다. 그 후 거품 씨는 다시는 자비 양을 찾지 않았습니다. 또한 자비 양이 정신이 이상한 여인이라고 비방하며 다녔습니다.

아모스 3장 3절에 보면 "두 사람이 뜻이 같지 않은데 어찌 동행하겠으며"라는 말씀이 있습니다. 가치관이 다른 두 사람의 연합은 두 사람을 다 불행하게 만듭니다. 두 사람의 신앙이 같다면 그 신앙에 근거한 가치관도 같아야 합니다. 성경적 신앙을 갖는다는 말은 성경적 가치관을 수용한다는 것을 의미하기 때문입니다.

《천로역정》 2편을 계속 읽어 보시면 결국 가이오라는 사람의 권고로 자비 양은 크리스티아나의 맏아들 마태와 결혼하게 됩니다. 가이오는 두 사람의 결혼을 권하며 "크리스천의 이름과 크리스천 가문의 존재가 잊혀지지 않기 위해서 크리스천 상호 간의 결혼은 꼭 필요한 일"이라고 말합니다. 크리스천 가문의 존재 자체가 세상을 향한 믿음의 증거이기 때문입니다.

바울이 빌립보 도시에 와서 가장 의미 있는 일은 "주 예수를 믿으라 그리하면 너와 네 집이 구원을 받으리라"(행 16:31)고 복음을 증언한 직후에 한 집(가문)안에 회심이 일어났다는 사실입니다. 바로 빌립보 감옥의 간수 집안이었습니다.

"주의 말씀을 그 사람과 그 집에 있는 모든 사람에게 전하더라"(행 16:32).

어떤 결과를 가져왔나요?

"그 밤 그 시각에 간수가 그들을 데려다가 그 맞은 자리를 씻어 주고 자기와 그 온 가족이 다 세례를 받은 후 그들을 데리고 자기 집에 올라가서 음식을 차려 주고 그와 온 집안이 하나님을 믿으므로 크게 기뻐하니라"(행 16:33-34).

할렐루야, 복음이 한 집안의 가치관을 변화시킨 능력을 볼 수 있지 않습니까?

셋째, 복음을 전하는 일에 가족이 함께해야 합니다.

사도행전의 기록만으로는 간수 집안에 일어난 그 후의 변화를 자상하게 추적하기 어렵습니다. 다만, 빌립보 1장의 기록으로 이 가족을 포함한 빌립보 최초 회심자의 변화를 엿볼 수 있습니다.

"간구할 때마다 너희 무리를 위하여 기쁨으로 항상 간구함은 너희가 첫날부터 이제까지 복음을 위한 일에 참여하고 있기 때문이라"(빌 1:4-5).

빌립보 성도들은 복음을 수용만 한 것이 아니라, '처음부터' 복음 전도에 능동적으로 참여하고 있었습니다. 1세기 초대 교회가 당시 세상을 뒤흔드는 거룩한 영향을 끼칠 수 있었던 것은 이러한 가족 단위의 헌신이 있었기 때문입니다. 바울의 신실한 동역자 브리스길라 아굴라 부부를 기억하십니까?

"너희는 그리스도 예수 안에서 나의 동역자들인 브리스가와 아굴라에게 문안하라 그들은 내 목숨을 위하여 자기들의 목까지도 내놓았나니 나뿐 아니라 이방인의 모든 교회도 그들에게 감사하느니라"(롬 16:3-4).

빌레몬서가 시작되는 화두를 보시기 바랍니다.

"그리스도 예수를 위하여 갇힌 자 된 바울과 및 형제 디모데는 우리의 사랑을 받는 자요 동역자인 빌레몬과 자매 압비아와 우리와 함께 병사 된 아킵보와 네 집에 있는 교회에 편지하노니"
(몬 1:1-2).

바울은 자신의 동역자 빌레몬과 자매 압비아(그의 아내), 병사 아킵보(그의 아들)를 소개하며 그의 집에 교회가 있었다(골로새교회)고 말합니다. 부부가 복음을 위해 자녀와 함께 헌신한 병사(군사)로 드려진 이들은 그의 집을 교회로 드린 것입니다. 이런 가족의 헌신, 가정의 헌신이 복음의 위대한 역사를 만들어 온 것입니다.

그래서 《천로역정》 2편에는 결혼식과 가족이 함께하는 여정을 소개합니다. 가이오의 집에서 크리스티아나의 아들 마태와 자비 양이 결혼하고, 이어 마태의 동생 야고보가 가이오의 딸 뵈뵈와 결혼합니다. 그리고 남은 사무엘과 요셉도 허영의 시장 나손의 집에 도달하여 '나손'(Mnason)의 딸 은혜, 마르다와 각각 결혼하는 장면이 나옵니다. 그들은 가족으로서 함께 그 도시의 변화를 위해 일했다고 기록합니다. 가족 모두 많은 자녀를 낳았고 크리스천의 이름을 세상에 아름답게 남겼다고 말합니다. 바로 전도서의 말씀이 생각나지 않습니까?

"두 사람이 한 사람보다 나음은 그들이 수고함으로 좋은 상을 얻을 것임이라 혹시 그들이 넘어지면 하나가 그 동무를 붙들어 일으키려니와 홀로 있어 넘어지고 붙들어 일으킬 자가 없는 자에게는 화가 있으리라"(전 4:9-10).

"한 사람이면 패하겠거니와 두 사람이면 맞설 수 있나니 세 겹 줄은 쉽게 끊어지지 아니하느니라"(전 4:12).

전도서 기자는 인생의 헛됨을 증언하면서도 다음과 같이 말합니다.

"네 헛된 평생의 모든 날 곧 하나님이 해 아래에서 네게 주신 모든 헛된 날에 네가 사랑하는 아내와 함께 즐겁게 살지어다"(전 9:9).

그리고 전도서 마지막에 이렇게 말합니다.

"일의 결국을 다 들었으니 하나님을 경외하고 그의 명령들을 지킬지어다 이것이 모든 사람의 본분이니라"(전 12:13).

《천로역정》 2편의 마지막은 크리스티아나가 먼저 '죽음의 강'(Black River)을 건너며 그녀의 네 아들과 아내들을 남겨 두는 이유가 나옵니다. 바로 교회를 통해 영혼을 구원하는 명령을 지키기 위해서입니다. 이것이 바로 크리스천 가정의 존재 이유, 가정 사역의 필요입니다.

묵상 질문

1. 우리 집에서 가정 복음화, 더 나아가 가정 사역이 이루어지기 위해서 무엇이 필요합니까?

2. 가족 공동체의 복음화 3단계는 무엇인가요?

   1)
   2)
   3)

3. 아직도 구원받지 못한 가족이 있습니까? 그렇다면 그 영혼을 위해 무엇을 해야 할까요?

4.

천로역정과
영적 전쟁 사역

◇◇◇

"전신갑주를 입고
　　　　　말씀과 기도로 싸우십시오"

"끝으로 너희가 주 안에서와 그 힘의 능력으로
강건하여지고 마귀의 간계를 능히 대적하기
위하여 하나님의 전신 갑주를 입으라 우리의
씨름은 혈과 육을 상대하는 것이 아니요 통치
자들과 권세들과 이 어둠의 세상 주관자들과
하늘에 있는 악의 영들을 상대함이라 그러므
로 하나님의 전신 갑주를 취하라 이는 악한 날
에 너희가 능히 대적하고 모든 일을 행한 후에
서기 위함이라 그런즉 서서 진리로 너희 허리
띠를 띠고 의의 호심경을 붙이고 평안의 복음
이 준비한 것으로 신을 신고 모든 것 위에 믿
음의 방패를 가지고 이로써 능히 악한 자의 모
든 불화살을 소멸하고 구원의 투구와 성령의
검 곧 하나님의 말씀을 가지라 모든 기도와 간
구를 하되 항상 성령 안에서 기도하고 이를 위
하여 깨어 구하기를 항상 힘쓰며 여러 성도를
위하여 구하라"(엡 6:10-18).

영적 흐름의 시대적 변화

오늘 우리가 살고 있는 지금 이 시대 사람들의 신앙(종교) 인식
을 이해하기 위해서는 17세기에서 21세기에 이르는 시대적 변화
를 이해할 필요가 있습니다. 일반적으로 17세기 후반에서 18세기
말까지를 '계몽주의 시대'(Age of Enlightenment)라고 부릅니다. 이성
의 계몽과 과학의 발전으로 중세기의 무지함에서 깨어난 시대로
인식합니다. 그래서 이성으로 추론하지 못하고 과학으로 증명할
수 없는 것은 존재하지 않는다고 믿기에 이르렀습니다. 소위 지
식인들은 눈에 보이지 않는 존재인 신이나 천사, 악마 등은 더 이
상 존재하지 않는다고 믿었습니다. 중세기의 신과 종교에서 탈출
하기 시작한 것입니다. 그리고 이런 계몽주의의 근거가 된 이성
과 과학이 조금만 더 발전하면 이 땅에는 지상낙원, 곧 유토피아

가 올 것이라는 낙관론이 세상을 지배하게 되었습니다.

19세기는 이런 계몽주의를 더 발전시킨 '모더니즘 시대'(Age of Modernism)라고 부릅니다. 여전히 인간의 합리적 이성과 질서, 과학과 발명이 신을 대신하여 현대라는 세상을 만들었습니다. 여전히 유토피아가 곧 도래한다고 믿었습니다. 그런데 유토피아 대신이 시대를 기다린 것은 발달된 과학과 무기로 초래된 제1차 세계 대전과 제2차 세계 대전이었습니다. 인간이 만든 과학적 무기가온 세상을 잿더미로 만든 것입니다. 이 시대 사람들은 허무주의와 실존주의에 함몰되어 모든 희망을 버리고 절망의 심연에 빠져들었습니다. 사람들은 이성과 과학을 회의했고 질서와 이성에 반항하기 시작한 것입니다.

사람들은 이렇게 시작된 새로운 20세기와 21세기를 '모던 시대'와 비교되는 '포스트 모던 시대'(Age of Postmodernism)로 부르기 시작했습니다. 포스트 모던 시대의 특성은 이성의 파괴와 질서의 해체입니다. 그러나 이 시대의 새로운 현상은 사람들이 보이지 않는 초자연적 세계를 다시 갈망하고 종교로 돌아와 신과영적 존재와의 교감을 시작했다는 것입니다. 기성 종교가 부흥하기 시작했고 그렇지 않은 이들은 뉴 에이지 운동에 호감을 가졌습니다.

이 시대에 들어서 우리에게 들려오기 시작한 새로운 단어가 바로 '영적 전쟁'(Spiritual Warfare)입니다. 사실 오래전부터 이미 성경에 있던 말인데도 이 단어를 재발견한 것입니다. 눈에 보이는 전쟁 이상으로 우리가 두려워 할 것은 영적 전쟁입니다. 실상 눈에 보이는 전쟁의 진정한 원인은 보이지 않게 진행되는 영적 전쟁 때문입니다. 그리고 교회를 기반으로 '영적 전쟁 사역'이라는 말이 등장합니다. 그러면 영적 전쟁이란 무엇이며 우리는 어떻게 이 전쟁에서 의미 있는 생존자로 날마다 살아갈 수 있을까요?

영적 전쟁에서 이기기 위한 영적 무장

첫째, 일상의 삶이 영적 전쟁임을 인식해야 합니다.

영적 전쟁은 보통 구별된 전쟁터가 따로 있는 것이 아니라 일상의 삶의 현장이 전쟁터입니다. 성경에서 영적 전쟁이라는 단어는 에베소서 6장 12절에 근거한 것입니다.

"우리의 씨름은 혈과 육을 상대하는 것이 아니요 통치자들과 권세들과 이 어둠의 세상 주관자들과 하늘에 있는 악의 영들을 상대함이라."

이 대목을 《메시지》(복있는사람 역간) 성경은 이렇게 번역합니다.

"이 싸움은 지구전, 곧 마귀와 그 수하들을 상대로 끝까지 싸우는 사느냐 죽느냐의 싸움입니다."

여기서 '영적 전쟁'이라는 말이 유래했습니다. 다시 말하면 영적 존재인 마귀나 그의 수하인 악의 영을 상대로 한 영적 싸움이란 것입니다. 그런데 그 직전 구절인 11절에는 "마귀의 간계를 능히 대적하기 위하여…"라고 기록하고 있습니다. 여기서 '마귀'로 번역된 단어는 원어로 '디아볼로스'(diabolos)입니다. 이 단어는 dia(사이에: between)+bolos(던지다)의 합성어로 관계(사이)를 파괴한다(나눈다)는 뜻이며, '참소자'로 번역되기도 합니다. 마귀의 가장 중요한 사역은 관계를 파괴하는 것입니다.

무슨 관계를 파괴한다는 말입니까? 에베소서 5장 22-33절에는 부부 관계, 곧 남편과 아내에 대한 권면이 기록되어 있고, 에베소서 6장 1-4절은 부모와 자녀 관계에 대한 교훈이 기록되어 있습니다. 이어서 에베소서 6장 5-9절까지는 주인과 종의 관계, 즉 현대적으로 표현하면 고용인과 피고용인의 관계를 다루고 있습니다.

그러다가 에베소서 6장 10절 이하에 들어가며 바울 사도는 갑

자기 우리의 싸움은 관계를 파괴하는 자, 마귀와의 영적 전쟁이라고 말합니다. 무슨 말이겠습니까? 마귀가 하는 일은 부부 사이와 부모와 자녀 사이를 나눈 뒤 가정을 파괴하고, 고용인과 피고용인의 관계를 나눠서 일터를 전쟁터로 만든다는 것입니다. 이 말씀이야말로 추상적이지 않고 매우 현실적이지 않습니까? 가정과 일터, 교회 심지어 한 나라에서도 영적 전쟁은 날마다 벌어지고 있습니다. 우리의 싸움은 단순히 혈과 육을 상대로 한 인간 대 인간의 싸움이 아니라, 인간 배후에서 인간 관계에 개입하고 안 좋은 영향을 끼치는 악한 영과의 싸움이라는 것입니다.

무너지는 가정의 배후에 마귀의 간계가 있다는 것입니다. 여기서 '간계'라는 말은 원어로 '메쏘데이아'(methodeia)이며, 영어 'method'(방법, 책략)란 단어가 여기에서 유래됐습니다. 마귀는 자신의 간계, 곧 수단과 방법을 가리지 않고 부부 사이, 부모와 자녀 사이에 개입하여 그 관계를 이간함으로써 가정을 무너뜨립니다. 마귀라는 존재는 일터에도 개입하여 고용인과 피고용인의 신뢰를 파괴하고 일터를 무너뜨립니다. 우리 사회 모든 영역에서 벌어지는 지도자와 피지도자 사이의 불신과 거역, 반항과 갈등이 단순하게 사회적 갈등만이 아닌 그 배후에 영적 전쟁이 진행되고 있음을 알아야 합니다. 그러면 우리는 어떻게 해야 합니까?

둘째, 하나님의 전신갑주로 무장해야 합니다.

"마귀의 간계를 능히 대적하기 위하여 하나님의 전신 갑주를 입
으라"(엡 6:11).

"그러므로 하나님의 전신 갑주를 취하라 이는 악한 날에 너희가
능히 대적하고 모든 일을 행한 후에 서기 위함이라"(엡 6:13).

《천로역정》에 보면 순례자 크리스천이 '아름다운 집'에 들어갔
을 때 무기고가 있음을 보게 됩니다. 거기에는 주님이 순례자들
을 위해 예비하신 갖가지 무기가 있었습니다. 칼과 방패, 투구, 흉
배, 기도문, 닳지 않은 신발 등이었습니다. 이 무기들로 영적 무장
을 하고 크리스천은 두 개의 골짜기, '겸손의 골짜기'(The Valley of
Humiliation)와 '사망의 음침한 골짜기'에서 치열한 영적 전투를 치
르게 됩니다.

에베소서 6장 14-17절까지 하나님의 전신갑주가 구체적으로
묘사되고 있습니다.

"그런즉 서서 진리로 너희 허리 띠를 띠고 의의 호심경을 붙이고
평안의 복음이 준비한 것으로 신을 신고 모든 것 위에 믿음의 방

패를 가지고 이로써 능히 악한 자의 모든 불화살을 소멸하고 구원의 투구와 성령의 검 곧 하나님의 말씀을 가지라"(엡 6:14-17).

적의 불화살에서 나를 지키기 위해선 빈틈없는 무장, 곧 전신갑주가 필요합니다. 여기서 무장에 대해 여섯 부분으로 나누어 위로부터 살펴보겠습니다. 첫째 방어 무기는 '구원의 투구'입니다. 구원의 확신이 없으면 치명적입니다. 둘째 방어 무기는 '의의 호심경'입니다. 의롭다 함을 받고 날마다 의를 구하는 삶이 가슴을 보호합니다. 셋째 방어 무기는 '진리의 허리띠'입니다. 진실성은 우리의 자세를 갖추는 기본이 됩니다. 넷째 방어 무기는 '평안의 복음의 신'입니다. 이는 하나님의 평안이 지배하는 삶은 선교의 기초임을 말해 줍니다. 다섯째 방어 무기는 '믿음의 방패'입니다. 믿음으로 걷고 믿음으로 마귀의 불화살을 막을 수 있습니다. 여섯째 방어 무기는 '성령의 검'입니다. 역시 상대의 공격을 막기도 하고 공격하기도 합니다. 그런데 실제 묘사에서 제일 먼저 언급된 것은 '진리의 허리띠'입니다. 갑옷의 모든 것을 하나로 묶는 것이 허리띠이기 때문입니다. 허리띠가 제대로 묶이지 않으면 무장은 풀어질 수밖에 없습니다. 모든 영적 무장은 진실한 삶의 태도 없이는 무용지물임을 암시합니다. 그런데 이 무장하는 무기를 보면 등을 가려 주는 것이 없음을 보게 됩니다. 이는 적에게 등을 보이지 말고 담대하게 마주 서야 함을 말합니다.

실제로 본문에 보면 '서다'(stand)라는 단어가 반복적으로 등장합니다. 13절 마지막에 "… 모든 일을 행한 후에 서기 위함이라"고 말합니다. 14절에도 "그런즉 서서 진리로 허리띠를 띠고…"라고 나옵니다.

마귀를 두려워 말고 무장한 다음 담대하게 서서 전쟁터로 나아가라는 말씀 아닙니까! 무엇보다 마귀에게 틈을 주지 말아야 합니다. 이미 바울 사도가 에베소서 4장 27절에서 "마귀에게 틈을 주지 말라"고 강조한 바 있었습니다. 마귀는 계속해서 우리의 연약한 틈새를 노리고 있습니다. 이런 마귀와 맞서 승리하기 위해서 무엇보다 필요한 것은 하나님의 전신갑주로 무장하는 것입니다. 그리고 이 전쟁의 승리를 위해 마지막으로 필요한 것은 무엇입니까?

셋째, 말씀과 기도로 싸울 줄 알아야 합니다.

에베소서 6장 14-17절에 묘사된 대부분의 무장 요소는 방어적인 것들입니다. 그런데 공격용으로 필요한 두 가지 준비가 마지막에 언급됩니다. 바로 '말씀'과 '기도'입니다. 우선 17절 마지막에 언급된 것은 무엇입니까?

"…성령의 검 곧 하나님의 말씀을 가지라."

《천로역정》에서 순례자 크리스천이 겸손의 골짜기에 들어섰을 때 그를 기다리고 있던 존재는 '아볼루온'(Apollyon:파괴자)이었습니다. 이 원수 마귀 아볼루온과의 싸움에서 크리스천을 결정적으로 지키고 승리를 가져다 준 것은 검이었습니다. 풍전등화 같은 접전의 위기에 크리스천은 다음 말씀을 외칩니다.

"이 모든 일에 우리를 사랑하시는 이로 말미암아 우리가 넉넉히 이기느니라"(롬 8:37).

좌우에 날선 검으로 일격을 가하자 마귀는 용의 날개를 펼치고 도망갑니다. 아볼루온은 깊은 상처를 입고 도망갔다고 기록하고 있습니다. 물론 크리스천도 손과 발에 약간의 상처를 입게 됩니다. 그러나 그에게 승리를 가져다 준 것은 바로 좌우에 날선 검이었습니다.

"하나님의 말씀은 살아 있고 활력이 있어 좌우에 날선 어떤 검보다도 예리하여 혼과 영과 및 관절과 골수를 찔러 쪼개기까지 하며 또 마음의 생각과 뜻을 판단하나니"(히 4:12).

그러므로 평소 우리가 일상에서 말씀을 가까이하여 읽고 묵상하고 암송하고 적용하며 산다는 것이 얼마나 중요한 일인지요!

성령의 검인 '말씀'에 이어 언급하는 것이 바로 '기도'입니다.

"모든 기도와 간구를 하되 항상 성령 안에서 기도하고 이를 위하여 깨어 구하기를 항상 힘쓰며 여러 성도를 위하여 구하라"(엡 6:18).

《천로역정》의 순례자 크리스천이 사망의 음침한 골짜기를 통과하며 사용한 무기가 바로 이 '모든 기도'(All prayer)였습니다.

"그곳에서는 불과 연기가 계속 뿜어져 나오고 있었다. 무시무시한 불꽃과 굉음은 크리스천의 칼로도 막을 수 없는 공포였다. 그래서 크리스천은 칼을 칼집에 꽂고 '모든 기도'라는 무기를 꺼내 들었다 … 그러자 악한 영들은 물러갔고 더 이상 가까이 오지 못했다."

그리고 그는 자기보다 앞서 걷는 사람이 읊조리는 말씀을 듣게 됩니다.

"내가 사망의 음침한 골짜기로 다닐지라도 해를 두려워하지 않을 것은 주께서 나와 함께 하심이라 주의 지팡이와 막대기가 나를 안위하시나이다"(시 23:4).

이윽고 날은 밝았고 크리스천은 "하나님께서 사망의 그늘로 아침이 되게 하셨다"고 외칩니다. 크리스천은 말씀과 기도로 두 개의 골짜기를 통과하고 승리를 주신 하나님을 찬양한 것입니다.

《천로역정》 2편을 읽어 보면 크리스티아나와 네 아들 그리고 자비 양을 호위하며 시온 성이 보이는 강가까지 그들을 인도하는 두 인물을 만나게 됩니다. 한 명은 '용감'(Great Heart) 씨입니다. 그 역시 칼과 투구와 방패로 무장하고 순례자를 안내합니다. 또 한 인물은 역시 칼을 잘 쓰는 '진리의 용사'(Valiant-for-truth)입니다. 이 둘 모두 말씀과 중보의 기도로 여러 성도의 영적 전쟁을 돕는 용사들입니다. 진리의 용사는 마지막 강을 건너기 전 이런 말을 남깁니다.

"나는 이제 아버지 집으로 갑니다. … 나의 칼은 나의 뒤를 이을 순례자에게 주겠습니다. 그러나 내 몸의 상처는 내게 상 주실 분을 위해 싸웠다는 증거로 가지고 가렵니다."

이것이 바로 영적 전쟁의 승리자의 모습입니다. 자, 그러면 말씀과 기도로 무장하고 영적 전장으로 나아가시겠습니까?

1. 전신 갑주는 모두 다섯 개의 방어 무기와 두 개의 중요한 공격 무기
   로 구성되어 있습니다. 각각에 대해 설명하고 의미를 되새겨 보십
   시오.

2. 영적 전쟁에서 이기기 위한 영적 무장을 어떻게 해야 할까요?

   1)

   2)

   3)

5.

천로역정과
치유 사역

◇◇◇

"믿음의 기도는
치유의 능력을 일으킵니다"

"너희 중에 고난 당하는 자가 있느냐 그는 기도할 것이요 즐거워하는 자가 있느냐 그는 찬송할지니라 너희 중에 병든 자가 있느냐 그는 교회의 장로들을 청할 것이요 그들은 주의 이름으로 기름을 바르며 그를 위하여 기도할지니라 믿음의 기도는 병든 자를 구원하리니 주께서 그를 일으키시리라 혹시 죄를 범하였을지라도 사하심을 받으리라 그러므로 너희 죄를 서로 고백하며 병이 낫기를 위하여 서로 기도하라 의인의 간구는 역사하는 힘이 큼이니라"(약 5:13-16).

병든 자를 고치시는 예수님

클레런스 맥카트니(Clarence E. Macartney)라는 설교자가 이런 이 야기를 했습니다.

중세기 유럽 시대 한 농부가 마차를 몰고 가는데 한 나이 든 부 인이 길을 막고 태워줄 것을 요청했다고 합니다. 검은 옷을 입은 여인은 분위기가 심상치 않았습니다. 여인에게 이름이 무엇이냐 고 물었더니 '콜레라'라고 대답하더랍니다. 그래서 도대체 어디에 무엇을 하러 가느냐고 농부가 물었더니 다음 도착할 도시에서 자 신의 바이러스로 열 명을 죽일 계획이라고 말했답니다. 꼭 열 명 만 죽일 것이라고. 그러면서 자신이 들던 창을 내어주면서 내가 열 명 이상 죽이면 이 창으로 당신이 나를 찔러도 좋다고 했답니 다. 드디어 그들은 다음 도시에 도착하게 됩니다. 그런데 그 도시는 이미 수백 명 이상의 사람들이 죽어 있었습니다. 화가 난 농부가 콜레라 부인에게 약속이 틀리지 않느냐면서 창을 꺼내 들자, 그 부인은 "잠깐, 난 분명히 열 명만 죽일 계획이었소. 지금 눈앞에 보이는 죽은 사람들은 내가 죽인 것이 아니라 내가 온다는 소식을 듣고 두려움으로 죽은 사람들이오"라고 말하더랍니다.

중세 유럽에 콜레라 전염병이 창궐하던 시대를 배경으로 만들어진 이야기입니다. 그런데 이 이야기가 오늘 우리 시대에 실감나게 들려오지 않습니까? 코로나 바이러스에 대한 두려움으로 일상의 삶이 마비된 채 살아가고 있지 않습니까? 사실 질병은 타락한 인생에서 실존하는 양상입니다.

이천 년 전 이 땅에 오신 예수님은 구원자로서 세 가지 사역을 감당하셨습니다. 복음서에 예수님의 사역을 설명하는 세 가지 단어 "전파하고, 가르치고, 고친다"가 등장합니다. 그래서 우리는 이 세 단어에 근거하여 예수님의 사역을 '삼중 사역'(Three-fold Ministry)이라고 합니다. '복음 전파 사역'과 '교육 사역' 그리고 마지막으로 '치유 사역'입니다. 그래서 주님은 이 땅에 계시는 동안 병든 자를 만나면 긍휼의 마음으로 기도하시고 고쳐 주셨습니다.

야고보서 5장 13-16절에서 사도 야고보는 고난당하는 자들에게 기도하라고 말합니다. 그리고 이어지는 14절에서 특히 질병의 고난을 당하는 사람들에게 교회의 장로들(지도자들에 대한 총칭)을 청하여 함께 기도하라고 말합니다. 이것이 교회 지도자와 교회 공동체를 향한 주님의 말씀이었다면 오늘의 시대, 오늘의 교회에서 치유 사역은 어떻게 적용되어야 할까요?

하나님을 의뢰하는 영적 치유 사역

첫째, 의료적 치유와 영적 치유가 병행되어야 합니다.

"너희 중에 병든 자가 있느냐 그는 교회의 장로들을 청할 것이요 그들은 주의 이름으로 기름을 바르며 그를 위하여 기도할지니라"(약 5:14).

이 말씀에서 기름은 때로 성령의 상징으로 이해되기도 하고 때로는 치유를 위한 거룩한 의식의 방편으로 이해되기도 합니다. 그러나 대부분의 성경 학자는 기름을 단순한 의료용 치료의 방편으로 이해하는 것이 자연스럽다고 말합니다. 왜냐하면 예수님 당시의 기름은 의학적 치료 용도로 쓰여졌기 때문입니다.

"발바닥에서 머리까지 성한 곳이 없이 상한 것과 터진 것과 새로

맞은 흔적뿐이거늘 그것을 짜며 싸매며 기름으로 부드럽게 함을 받지 못하였도다"(사 1:6).

구약의 이사야서 말씀을 보면 기름은 분명하게 의학적 약용의 효과를 기대하는 것으로 사용되고 있습니다. 이제 신약에서 사마리아인의 비유에 대한 말씀을 보겠습니다.

"가까이 가서 기름과 포도주를 그 상처에 붓고 싸매고 자기 짐승에 태워 주막으로 데리고 가서 돌보아 주니라"(눅 10:34).

여기서도 명백한 의학적 용도로 기름이 언급되고 있습니다. 그렇다면 본문에 기름을 바르며 기도하라는 말씀은 무슨 의미겠습니까? 의료적 치료를 하면서 동시에 기도하라는 말씀이 아니겠습니까?

의료적 치유와 영적 치유는 결코 이것이냐 저것이냐라는 양자택일이 아닙니다. 영적 치유의 능력의 근원이 하나님이신 것처럼, 의료적 치유의 자원도 하나님으로부터 유래한 것입니다. 오래전부터 기독교 문화권에서 사역하던 의사들은 진료실에 이렇게 써 놓기를 즐겨 했습니다.

"의사들은 진료하고 하나님은 치료하신다"(Doctors treat, but God heals).

벤자민 프랭클린(Benjamin Franklin)은 "치료는 하나님이 하시고 돈은 의사가 가져간다"(God heals, and the Doctor takes the fees)는 유머를 말하기도 했습니다. 어떤 경우에도 하나님의 간섭 없이 인간의 질병은 치유될 수 없습니다. 이 치유의 방편으로 의사나 의료 약품을 사용하도록 하나님이 허용하셨다는 것입니다.

《천로역정》 2편에 보면 크리스티아나와 네 자녀가 '아름다운 집'에 도착하여 머무는 동안 큰 아들 마태가 병에 걸립니다. 그에게 복통이 심해지자 아름다운 집에서 가까운 곳에 사는 의원에게 청합니다. 의원의 이름은 '노련'(Skill)이었습니다. 의사 노련 씨는 약을 처방하면서 동시에 기도하며 그 약을 복용해야 한다고 말합니다. 기름을 바르며, 곧 의학적 처방을 복용하며 기도하라는 것입니다.

그러므로 육체가 병들었을 때 의료적 도움을 주저하지 마십시오. 의료적 도움을 받으면서도 궁극적인 치유는 하나님으로부터 오는 것을 믿으십시오. 모세는 광야에서 마라의 쓴 물을 마시고 병들어 누운 이스라엘 백성에게 여호와 하나님의 말씀에 순종하라고 합니다. 또한 그분을 바라보라고 외칩니다.

"내 계명에 귀를 기울이며 내 모든 규례를 지키면 내가 애굽 사람에게 내린 모든 질병 중 하나도 너희에게 내리지 아니하리니 나는 너희를 치료하는 여호와임이라"(출 15:26).

하나님의 이름이 히브리어로 '야훼 라파'(치유자 야훼)로 불리기도 하는데, 이는 하나님이 치료자이심을 말해 줍니다. 그러므로 의학적 치유에는 반드시 궁극적 치유자이신 하나님을 의뢰하는 영적 치유가 동반되어야 합니다.

둘째, 영적 치유에는 회개 사역이 동반되어야 합니다.

"믿음의 기도는 병든 자를 구원하리니 주께서 그를 일으키시리라 혹시 죄를 범하였을지라도 사하심을 받으리라 그러므로 너희 죄를 서로 고백하며 병이 낫기를 위하여 서로 기도하라 의인의 간구는 역사하는 힘이 큼이니라"(약 5:15-16).

성도들이 질병과 싸우는 이들을 기도로 돕고자 할 때 제일 조심할 것은 모든 병이 죄 때문에 유래한다고 단정 짓는 일입니다. 그때 우리는 욥의 친구들처럼 병상에 누워 있는 성도를 더 힘들게 하는 정죄자가 될 수 있습니다. 그러나 병에 직면한 본인 자신은 혹시 이 질병이 나의 과오, 나의 허물에 기인한 것은 아닌가를 성찰할 필요가 있습니다. 그래서 야고보서 5장 15절에도 "혹시 죄를 범하였을지라도"라고 말한 것입니다. 스스로의 과오를 성찰하며 이웃에게 기도를 부탁하는 것은 아름다운 일입니다. 성경은 자신의 불의함을 깨닫고 회개하는 이들을 오히려 역설적으로 의인이라고 말합니다. 그리고 회개하는 의인들의 기도는 역사하는 힘이 많으며, 오히려 회개 기도가 응답된다고 약속합니다. 바리새인들의 자기 의에 근거한 기도가 응답되지 아니하고, 회개하는 세리의 기도가 응답된 것처럼 말입니다.

다시 《천로역정》으로 돌아와 보면 의사 노련 씨가 마태를 진료하는 과정에서 바알세불(마귀)의 과수원에서 열리는 열매를 마태가 따 먹은 것이 질병의 원인임을 깨닫게 됩니다. 즉 그의 부주의와 허물이 초래한 질병임을 암시한 것입니다. 이어서 의사 노련 씨는 그리스도의 피와 살로 된 약을 처방합니다. 우리의 모든 죄의 근원적 처방은 그리스도의 십자가 보혈과 희생임을 깨우치는 것입니다. 이사야 선지자가 예언한 그대로의 처방입니다.

"그가 찔림은 우리의 허물 때문이요 그가 상함은 우리의 죄악 때문이라 그가 징계를 받으므로 우리는 평화를 누리고 그가 채찍에 맞으므로 우리는 나음을 받았도다"(사 53:5).

이제 의사 노련 씨는 이 십자가의 처방, 곧 그리스도의 피와 살로 된 약을 건네면서 "회개의 눈물 한 홉에 그 약을 세 알씩 먹으라"고 말합니다. 즉 죄를 뉘우치고 죄에서 돌이키는 회개와 십자가 묵상이 우리의 영과 육을 깨끗하게 하도록 처방하는 것입니다. 마태는 처음에는 이 약을 거절했으나 마침내 금식하고 회개한 뒤 이 약을 먹으며 하나님의 축복을 구하자 깨끗함을 얻습니다. 온전한 치유가 임한 것입니다.

이것이 바로 우리의 영적 치유 사역에 회개의 사역이 동반되어야 할 이유입니다. 의사 노련 씨는 크리스티아나 가족이 어떻게 감사해야 할지 모르겠다는 말에 의사를 양성하는 대학 학장님에게 감사하라고 말합니다. 궁극적인 치유자가 그분이시기 때문입니다. 그리고 회개와 십자가 묵상은 순례자들이 걸리는 모든 병에 효과가 있으며 그것이 바로 순례자의 만병통치약이라고 말합니다.

날마다 자신을 살펴 회개하는 일, 그리고 나의 허물과 죄를 대신 담당하시고 찔리시고 채찍 맞으신 주의 십자가를 날마다 바라보며 걷는 것, 이것은 치료뿐 아니라 우리를 위한 최선의 예방이라고 말합니다. 이 은혜가 순례자인 우리에게도 임하기를 바랍니다.

셋째, 영적 치유의 중요한 방편은 믿음의 기도입니다.

"믿음의 기도는 병든 자를 구원하리니 주께서 그를 일으키시리라 혹시 죄를 범하였을지라도 사하심을 받으리라"(약 5:15).

여기서 중요한 표현은 '믿음의 기도'입니다. 성경에는 드물게 우리의 믿음과 상관없이 주님이 행하시는 기적적인 치유의 사역들이 소개됩니다. 왜냐하면 이 사역은 기적이나 치유를 행하시는 분, 곧 전능자 하나님의 자의적 주권과 연관되어 있기 때문입니다. 그러나 이러한 사역은 예외적인 경우라 할 수 있습니다.

성경에 자주 소개되는 대부분의 치유 사역은 그 사역을 수용하는 사람들의 믿음을 근거로 실현됩니다. 복음서의 치유의 기적을 보면 대부분 마지막에 "네 믿음이 너를 구원하였느니라"는 멘트와 함께 사건이 종결됩니다. 치유를 위해 기도할 때 우리의 믿음을 요구하시는 이유는 무엇 때문일까요? 한마디로 말하면 믿음이 우리와 전능자이신 하나님을 연결하기 때문입니다. 믿음은 믿음의 대상과 우리를 접속시키는 것입니다.

열두 해를 혈루증으로 고생하던 여인의 치유 사건을 기억하십니까? 마가복음 5장 5-34절에 보면 많은 사람이 치유자로 소문난 예수님이 지나가시는 소문을 듣고 몰려와 예수님을 에워싸며

밀고 있었습니다. 그런데 예수님은 누군가 옷자락에 특별하게 손 댄 것을 인지하시고 물으십니다. "누가 내 옷에 손을 대었느냐?" 고. 많은 사람의 만짐이 있었지만 다른 만짐을 느끼셨던 것입니 다. 이 느낌은 믿음의 만짐, 믿음의 터치였습니다. 그런데 그 순 간 이 여인에게 있던 혈루의 근원이 마르고 병이 나았다고 성경 은 증언합니다. 그리고 마가복음 5장 30절에서 "예수께서 그 능력 이 자기에게서 나간 줄을 곧 스스로 아시고…"라고 기록합니다. 다시 말하면 이 여인이 믿음으로 예수님의 옷자락을 만지는 순간 이 여인에게로 예수님의 치유의 능력이 흘러간 것입니다. 여인의 믿음이 이 여인과 전능하신 예수님을 연결한 것입니다. 그리고 이 사건 말미를 이렇게 기록하고 있습니다.

"예수께서 이르시되 딸아 네 믿음이 너를 구원하였으니 평안히 가라 네 병에서 놓여 건강할지어다"(막 5:34).

예수님만이 내 소망이고 구원이심을 믿고 믿음으로 손을 내밀 어 메시아의 옷자락을 만지는 순간 그녀의 영혼 구원과 육체의 치유가 함께 이루어진 것입니다. 할렐루야! 믿음의 기도가 가져 온 기적이었습니다.

믿음의 기도는 자신뿐만 아니라 때로 이웃을 구원과 치유의 길로 인도합니다. 마가복음 2장 5절에 보면 한 중풍병자가 네 친구에 의해 들것에 메워진 채로 예수님에게로 나아왔을 때 성경은 이렇게 기록합니다.

"예수께서 그들(네 친구)의 믿음을 보시고 중풍병자에게 이르시되 작은 자야 네 죄 사함을 받았느니라 하시니."

그리고 이어서 마가복음 2장 11절에서 "네 상을 가지고 네 집으로 가라"고 명하십니다. 네 친구의 믿음이 친구를 살리는 치유 사역을 행한 것입니다. 이런 혈루증 여인의 믿음, 그리고 네 친구의 믿음이 필요한 때가 아닙니까? 질병으로 인한 공포의 시간에 믿음의 기도로 기적을 경험하고 이웃을 세우는 아름다운 치유 사역자로 쓰임 받길 축복합니다.

1. 예수님은 이 땅에 오셔서 3가지 사역을 감당하셨습니다. 예수님의
   삼중 사역은 무엇인가요?

   1)

   2)

   3)

2. 영적 치유 사역에서 가장 중요한 방편은 무엇인가요?

6.

천로역정과
손 대접 사역

◇◇◇

"기쁨으로 그리스도의 사랑을
홀려보내십시오"

"형제 사랑하기를 계속하고 손님 대접하기를 잊지 말라 이로써 부지중에 천사들을 대접한 이들이 있었느니라 너희도 함께 갇힌 것 같이 갇힌 자를 생각하고 너희도 몸을 가졌은즉 학대 받는 자를 생각하라"(히 13:1-3).

"만물의 마지막이 가까이 왔으니 그러므로 너희는 정신을 차리고 근신하여 기도하라 무엇보다도 뜨겁게 서로 사랑할지니 사랑은 허다한 죄를 덮느니라 서로 대접하기를 원망 없이 하고 각각 은사를 받은 대로 하나님의 여러 가지 은혜를 맡은 선한 청지기 같이 서로 봉사하라 만일 누가 말하려면 하나님의 말씀을 하는 것 같이 하고 누가 봉사하려면 하나님이 공급하시는 힘으로 하는 것 같이 하라 이는 범사에 예수 그리스도로 말미암아 하나님이 영광을 받으시게 하려 함이니 그에게 영광과 권능이 세세에 무궁하도록 있느니라 아멘"(벧전 4:7-11).

초대 교회의 하나님 나라 사역

러시아의 작가 톨스토이(Tolstoy)의 단편 중에 〈일리아스의 행복〉이라는 이야기가 있습니다. 결혼한 지 얼마 안 된 주인공 일리아스는 부친이 별세하면서 아버지의 재산을 물려받아 재정적 여유가 생겼습니다. 그러나 그는 게으르지 않았고 아내와 함께 열심히 일했습니다. 적지 않은 가세를 불려가기 시작했고 마침내 소문난 부자가 되었습니다. 말이 200마리, 소가 50마리, 양은 1천 2백마리나 되었고 여러 하녀와 하인까지 거느리게 되었습니다. 일리아스 부부는 집에 찾아오는 손님을 극진하게 대접함으로써 좋은 평판도 받았습니다. 그러나 두 아들이 문제였습니다. 큰 아들은 술 마시고 행패를 부리다가 어느 날 맞아 죽었고, 둘째 아들은 욕심 많은 아내를 얻어 부친에게 재산 분할을 요구해서 분가해 나갔습니다. 게다가 어느 날 전염병으로 양이 떼죽음을 당하고 마적단의 침입으로 남은 재산마저 다 잃게 되었습니다. 70세가 넘어가자 동네 최고의 부자가 최고의 가난뱅이가 되고 말았으며 아들들은 부모를 외면했습니다.

할 수 없이 일리아스 부부는 이웃집에서 종살이를 하게 됩니다. 이웃 사람은 부자였던 당신네 부부가 내 집에서 하인처럼 일할 수 있겠느냐고 묻자, 본래 일하는 것과 손님 대접을 좋아하는데 그 일만 계속하면 되는 것 아니냐고 반문합니다. 일리아스 부부는 언제나처럼 열심히 일했고 이 집에 오는 손님들을 정성을 다해 대접했습니다. 그 집에 오는 손님들은 한때 소문났던 부자 일리아스임을 알아보고 측은히 여기며 "당신네 불행을 어떻게 생각하시오?"라고 물었다고 합니다. 이때 이 부부는 이렇게 대답합니다.

"저희가 불행하게 보이시나요? 전에는 집안과 재산 관리로 생각할 여유가 너무나 없었어요. 지난 50년간 한 번도 행복을 느낀 적 없이 바보처럼 살았는데, 이 집에 온 지난 2년간 제가 좋아하는 일을 하며 참된 행복을 느꼈습니다. 집안과 재산 관리는 주인이 다 하고 있지, 기도할 시간도 충분하고, 땀 흘려 일하고 있으며, 무엇보다 이 집에 찾아오는 손님을 맘껏 섬길 수 있으니 얼마나 행복한지요! 농담이 아니라 진실입니다. 비로소 저희는 성경에서 하나님이 말씀하신 행복의 길을 찾은 것 같습니다."

많은 것을 생각하게 하는 이야기가 아닙니까?

여기 이야기의 주인공은 물질적 부요가 행복이 아니고 섬김이 행복이라고 말합니다. 무엇보다 손 대접이 행복이라고 고백합니다. 본래 손 대접은 성경 시대부터 전래한 기독교 문화 명령의 하나입니다. 히브리서 13장 2절에서 히브리서 기자는 "손님 대접하기를 잊지 말라"고 말합니다. 초대 교인에게 손님 대접은 중요한 하나님 나라 사역이었습니다. 어떤 의미에서 손 대접이 중요한 사역일까요?

손 대접은 하나님 사랑과 이웃 사랑의 본질

첫째, 손 대접은 형제 사랑의 사역입니다.

마태복음 24장 3절에 보면 예수께서 감람산에 앉아 계실 때 제자들이 주께 나아와 "…주의 임하심과 세상 끝에는 무슨 징조가 있사오리까" 하고 묻습니다. 이 때 예수님이 말세의 징조로 강조하신 것 하나가 마태복음 24장 12절에 보면 "불법이 성하므로 많은 사람의 사랑이 식어지리라"고 말씀하십니다. 이것은 정확하게 사도 베드로의 예언적 권면과도 일치합니다.

"만물의 마지막이 가까웠으니 그러므로 너희는 정신을 차리고 근신하여 기도하라 무엇보다도 뜨겁게 서로 사랑할지니 사랑은 허다한 죄를 덮느니라"(벧전 4:7-8).

사랑이 식어가는 종말의 시대에 성도들의 삶의 우선 순위가 사랑이어야 한다고 말씀하십니다. 그리고 그 다음 4장 9절에서도 "서로 대접하기를 원망 없이 하라"고 말씀하십니다. 이것은 히브리서 기자의 교훈과도 그대로 일치합니다.

"형제 사랑하기를 계속하고 손님 대접하기를 잊지 말라 이로써 부지 중에 천사들을 대접한 이들이 있었느니라"(히 13:1-2).

여기 기록된 '형제 사랑'은 '필라델피아', 곧 필로스(사랑)+아델포스(형제) 두 단어의 결합입니다. 그리고 성경은 이 형제 사랑의 구체적인 표현이 손님 대접이라고 말합니다. 여기서 '손님 대접'의 원어는 '휠록세니아'(Philo+zenos)로 '낯선 사람에 대한 사랑'이란 말로 표현됩니다. 내가 잘 아는 형제만 형제가 아니라 그리스도 안에 있는 모든 낯선 이웃에 대한 사랑이라고 말합니다.

초대교회 시대의 그리스도인은 시련과 박해를 이겨내면서 믿음의 삶을 살았습니다. 그들은 여행 다닐 때 그리스도인의 집에 머물기를 선호했습니다. 당시 여관은 위생적으로나 안전 면에서 추천할 곳이 못 됐습니다. 여관의 공간이 조금 넉넉한 성도들은 으레 손 대접하는 것을 가장 중요한 사랑의 실천 덕목으로 여겼습니다. 특히 복음을 전하는 순회 전도자들을 모시는 것에 대해서는 기쁨으로 여겼습니다. 뿐만 아니라 고난당하는 이웃을 섬김이 마땅하다고 생각했습니다.

이런 손 대접 전통은 《천로역정》에도 그대로 나타납니다. 순례자 크리스천이 아름다운 집에 도착했을 때 크리스천은 "이 집은 어떤 집인가요? 오늘 밤 여기서 묵어갈 수 있느냐"고 묻습니다. 그때 문지기는 "어서 오십시오. 주님의 축복을 받으신 분이시여, 이 집은 바로 당신과 같은 순례자를 대접하기 위해 주인께서 지으신 집"이라고 환영합니다. 크리스천은 아름다운 식탁에서 음식을 대접받고 창문 사이로 해 뜨는 것이 보이는 '평화의 방'에서 곤하게 잠을 잡니다. 아침이 오고 잠에서 깬 크리스천은 "내가 있는 이곳, 순례자들을 위해 주께서 예비하신 이곳, 천국 문 옆에 도달했구나"라고 노래합니다.

《천로역정》 2편에 보면 크리스티아나와 네 아들이 시온 성으로 순례하는 동안 가이오의 집에 머물 때 대접받는 장면이 나옵니다. 요한삼서에 보면 실제로 가이오란 인물이 등장하며, 다음과 같이 증언합니다.

"사랑하는 자여 네가 무엇이든지 형제 곧 나그네 된 자들에게 행하는 것은 신실한 일이니"(요삼 1:5).

허영의 시장에서 나손이란 사람이 자기 집에 온 순례자 일행을 환영하며 "그대들을 최선의 사랑으로 대접하겠습니다"라고 말합니다. 손님 대접은 실제로 초대 그리스도인의 구체적 형제(성도) 사랑의 실천 덕목이었던 것입니다.

그런데 오늘 우리는 어떻습니까? 최근 우리 집에 어떤 성도를 초청하고 교제한 일이 있었나요? 이민 목회를 할 때 수년간 한 달에 한 번 새 교우 환영회를 우리 집에서 한 일이 있었습니다. 작은 집(타운 하우스)이었지만 계단까지 빼꼭하게 들어앉아 교우들과 교제하던 추억은 바로 천국 같은 기억으로 제 마음에 남아 있습니다.

둘째, 손 대접은 천사를 대접하는 사역입니다.

"손님 대접하기를 잊지 말라 이로써 부지중에 천사들을 대접한 이들이 있었느니라"(히 13:2).

이 말씀은 구약 창세기 18장에서 아브라함의 경험을 인용한 것으로 보입니다. 날이 뜨거운 어느 날 아브라함의 장막에 손님 세 명이 등장하자, 그는 물로 그들의 발을 씻고 밀가루 떡과 송아지 고기를 준비하여 정성껏 대접합니다. 성경은 그 손님 셋 중 한 분이 여호와 하나님이었으며, 그가 아브라함의 아내 사라에게 "네게 아들이 있으리라"고 축복했음을 증언합니다. 그래서 실제로 아브라함이 맞이한 세 손님은 여호와 하나님과 두 천사라고 보는 것이 보편적 해석입니다만, 어떤 학자들은 삼위일체 하나님의 현현으로 보기도 합니다. 하여간 아브라함은 단순히 손님을 대접하다가 하나님을 대접하게 된 것입니다. 사실 천사는 하나님이 보내시고 하나님이 부리시는 존재니까 천사 대접은 궁극적으로 하나님 대접이라고 할 수 있습니다.

그런데 신약에 보면 예수님도 고난받는 이들의 돌봄과 대접이 주님을 향한 대접과 같다고 가르치시는 것을 보게 됩니다. 마태복음 25장 35절 이하에서 마지막 심판에 대하여 가르치시던 주님은 내게 이와 같이 했느냐고 물으십니다.

"내가 주릴 때에 너희가 먹을 것을 주었고 목마를 때에 마시게 하였고 나그네 되었을 때에 영접하였고 헐벗었을 때에 옷을 입혔고 병들었을 때에 돌보았고 옥에 갇혔을 때에 와서 보았느니라."

주님이 어느 때에 나그네 되시고 병들고 옥에 갇히셨나이까 하고 다시 묻자 주님의 대답이 무엇이었습니까? "너희가 여기 형제 중에 지극히 작은 자 하나에게 한 것이 곧 내게 한 것이니라"고 말씀하십니다.

여기서 우리가 깨달아야 할 레슨은 사람 사랑과 하나님 사랑, 사람 대접과 하나님 대접은 궁극적으로 하나라는 것입니다. 사람을 사랑함으로 하나님을 사랑하고, 사람을 대접함으로 하나님을 대접한다는 것입니다. 그리고 그것이 바로 가장 큰 계명, 하나님 사랑과 이웃 사랑의 본질이라는 것입니다.

히브리서 13장 2절에서 손님 대접의 중요성을 잊지 말라고 권하던 히브리서 기자는 이어서 무엇이라고 말씀하십니까?

"너희도 함께 갇힌 것 같이 갇힌 자를 생각하고 너희도 몸을 가졌은즉 학대 받는 자를 생각하라"(히 13:3).

《천로역정》에서 가이오가 크리스티아나와 그녀의 네 아들을 극진히 대접하며, 그는 순례자들의 조상이 받은 고난의 역사를 열거합니다. 이제 순례자의 후손이 그 발자취를 따르는 모습을 격려하고 싶다고 말합니다. 그리고 그 가족이 한 달 후 집을 떠날 때 숙박비를 묻자 가이오는 자기 집에서는 숙박비를 계산하지 않는 것이 관례라고 말합니다. 숙박비는 나중에 선한 사마리아 사람에게 받겠다고 말합니다. 그가 돌아올 때에 갚겠다고 약속했다는 것입니다. 손 대접은 바로 천사 대접, 곧 주님을 대접하는 것임을 가르치는 장면입니다.

셋째, 손 대접은 은사적 청지기 사역입니다.

그런데 우리가 손님 대접을 하면서 반드시 유의해야 할 일이 있습니다. 그것은 원망이 생길 수 있다는 것입니다. 그래서 사도 베드로는 "서로 대접하기를 원망 없이 하라"(벧전 4:9)고 말합니다. 우리는 누군가를 대접하며 나는 대접하는데 너는 왜 대접을 안 하느냐고 할 수 있습니다. 그러나 실상 대접은 다양합니다. 음식으로 대접할 수도 있고 말씀으로 대접할 수도 있습니다. 마리아, 마르다 사건이 생각나지 않으십니까? 마리아는 주님의 말씀을 청종하고 그분의 마음을 알아드리는 것으로 주님을 섬기고 있었고, 마르다는 음식으로 섬겼던 것입니다.

"각각 은사를 받은 대로 하나님의 여러 가지 은혜를 맡은 선한 청지기 같이 서로 봉사하라"(벧전 4:10).

이어지는 말씀은 구체적으로 두 가지 유형의 대접을 말하고 있습니다.

"만일 누가 말하려면 하나님의 말씀을 하는 것같이 하고 누가 봉사하려면 하나님이 공급하시는 힘으로 하는 것같이 하라 이는 범사에 예수 그리스도로 말미암아 하나님이 영광을 받으시게 하려 함이니 그에게 영광과 권능이 세세에 무궁하도록 있느니라 아멘"(벧전 4:11).

이것이 바로 은사적 청지기 사역입니다.

지금 저 같은 사람은 말씀을 증언함으로 여러분을 섬기고 있는 것입니다. 그러나 또 어떤 분은 물질 봉사로 섬기는 분들도 있습니다. 그런데 그 말씀도 은사를 따라 하나님이 주신 것이고 그 물질도 은사를 따라 하나님이 주신 것이라면 우리는 모두 기쁨의 섬김으로 하나님에게만 영광을 돌림이 마땅하지 않겠습니까?

어떤 설교가가 우리의 섬김과 대접에는 4가지 유형이 있다고 했습니다. 첫째, Give and Take(받고자 주는 것), 둘째, Take and Give(받아야 주는 것), 셋째, Take and Take(받고 또 받기만 하는 것), 넷째, Give and Give and Give all(주고 또 주고 다 주는 것). 예수님이 보여주신 섬김이 바로 네 번째 유형이 아닙니까? 그분은 우리를 구원하고자 모든 것, 목숨까지 주셨습니다.

"인자가 온 것은 섬김을 받으려 함이 아니라 도리어 섬기려 하고 자기 목숨을 많은 사람의 대속물로 주려 함이니라"(막 10:45).

이것이 바로 십자가 은혜가 아닙니까? 우리 모두 그 은혜에 빚진 사람이라면 내게 주어진 모든 기회로 여리고 길의 상처받은 이웃의 신음 소리를 듣고 포도주와 기름을 갖고 달려갈 준비를 해야 하지 않겠습니까? 할 수 있으면 내 집을 열어 '사마리아 주막'(Samaritan Inn) 혹은 '사마리아 병원'(Samaritan Hospital)이 되게 할 수는 없을까요? 이런 사역을 '손 대접 사역'(Ministry of Hospitality) 이라고 합니다. 대접이란 말에서 '병원'(Hospital)이란 말이 나온 것입니다. 지금 우리 시대는 더 많은 주막, 더 많은 병원이 필요합니다.

1. 초대 교인에게 손 대접은 중요한 하나님 나라 사역이었습니다. 어떤
   의미에서 중요한 사역이었습니까?

2. 최근 우리 집에 어떤 성도를 초청하고 교제한 일이 있으셨습니까?
   있었다면 어떠했는지 나누고, 만약 없었다면 교제하고 싶은 이웃이
   있는지 이야기해 봅시다.

7.

천로역정과
사회 섬김 사역

◇◇◇

"선한 사마리아인의 마음을
품으십시오"

"예수께서 대답하여 이르시되 어떤 사람이 예
루살렘에서 여리고로 내려가다가 강도를 만나
매 강도들이 그 옷을 벗기고 때려 거의 죽은 것
을 버리고 갔더라 마침 한 제사장이 그 길로 내
려가다가 그를 보고 피하여 지나가고 또 이와
같이 한 레위인도 그 곳에 이르러 그를 보고 피
하여 지나가되 어떤 사마리아 사람은 여행하
는 중 거기 이르러 그를 보고 불쌍히 여겨 가까
이 가서 기름과 포도주를 그 상처에 붓고 싸매
고 자기 짐승에 태워 주막으로 데리고 가서 돌
보아 주니라 그 이튿날 그가 주막 주인에게 데
나리온 둘을 내어 주며 이르되 이 사람을 돌보
아 주라 비용이 더 들면 내가 돌아올 때에 갚
으리라 하였으니 네 생각에는 이 세 사람 중에
누가 강도 만난 자의 이웃이 되겠느냐 이르되
자비를 베푼 자니이다 예수께서 이르시되 가
서 너도 이와 같이 하라 하시니라"(눅 10:30-37).

이웃을 돌보던 예수님의 발자취

이천 년 전 부활하신 예수님이 제일 먼저 하신 일이 무엇인지 기억하십니까? 마태복음 28장을 보면 부활의 날(안식 후 첫날), 예수님의 무덤을 찾아온 여인들을 만난 부활하신 주님은 그들에게 갈릴리로 가라고 말씀하십니다. 거기서 다시 만나자고 하십니다.

갈릴리가 어떤 곳이었습니까? 예수님의 지상 사역의 중심지였습니다. 지금도 갈릴리 가버나움에 가면 작은 마을 앞에 '예수님의 마을'(Town of Jesus)이라는 간판이 붙어 있습니다. 성경 복음서는 그곳을 '본 동네'(His own town)라고 부르고 있습니다. 예수님이 처음 제자들을 부르시고 첫 사역을 치열하게 이루어 가시던 추억이 깃든 곳입니다. 하나님 나라의 복음을 전하시고, 제자들을 가르치시고, 수많은 병자를 고치시던 곳이었습니다. 특히 당시 사회에서 소외되고 손가락질 당하던 세리 마태, 막달라 마리아 같은 사람들을 만나 감싸 주시고, 자신의 제자로 부르사 훈련하시던 곳이었습니다. 부활하신 예수님이 제자들을 그 갈릴리에서 다시 만나자고 말씀하신 이유가 무엇이겠습니까? 예수님이 이 땅에 오신 이유를 제자들이 잊지 않고 그분의 발자취를 따르는 것을 보고 싶어하심이 아니겠습니까?

누가복음 10장 30-37절에서 어느 율법사가 "선생님, 내가 무엇을 하여야 영생을 얻으리이까?"라는 질문에 예수님이 '사마리아인의 비유'로 답하고 계심을 볼 수 있습니다.

"예수께서 대답하여 이르시되 어떤 사람이 예루살렘에서 여리고로 내려가다가 강도를 만나매 강도들이 그 옷을 벗기고 때려 거의 죽은 것을 버리고 갔더라 마침 한 제사장이 그 길로 내려가다가 그를 보고 피하여 지나가고 또 이와 같이 한 레위인도 그 곳에 이르러 그를 보고 피하여 지나가되 어떤 사마리아 사람은 여행하는 중 거기 이르러 그를 보고 불쌍히 여겨 가까이 가서 기름과 포도주를 그 상처에 붓고 싸매고 자기 짐승에 태워 주막으로 데리고 가서 돌보아 주니라 그 이튿날 그가 주막 주인에게 데나리온 둘을 내어 주며 이르되 이 사람을 돌보아 주라 비용이 더 들면 내가 돌아올 때에 갚으리라 하였으니 네 생각에는 이 세 사람 중에 누가 강도 만난 자의 이웃이 되겠느냐 이르되 자비를 베푼 자니이다 예수께서 이르시되 가서 너도 이와 같이 하라 하시니라.”

그러나 다른 복음서, 마태복음이나 마가복음서에는 율법사가 “율법 중에 어느 계명이 가장 큰 계명입니까?”라고 질문한 것으로 되어 있습니다. 이때 예수님이 “율법에 무엇이라고 기록되어 있느냐”고 반문하십니다. 이때 율법사의 대답이 “네 마음을 다하고 목숨을 다하고 뜻을 다하여 주 너의 하나님을 사랑하고 네 이웃을 네 몸과 같이 사랑하라”고 말합니다. 예수님은 “네 대답이 옳다. 그렇게 하라”고 말씀하십니다. 그러자 율법사는 다시 “내 이웃이 누구입니까?”라고 묻습니다.

이 율법사의 질문에 답하기 위해 예수님이 말씀하신 이야기가 바로 ‘선한 사마리아인의 이야기’입니다. 그렇다면 이 이야기의 주제는 당연히 ‘우리가 사랑해야 할 이웃이 누구인가?’라는 질문입니다. 성 어거스틴(St. Augustine)은 이 이야기에서 여리고 길을 찾아온 사마리아인이야말로 예수님 자신이라 하였고, 이 길에서 강도 만나 피 흘리고 상처 받은 사람이 바로 사탄에게 공격받아 상처받은 인류의 모습이라고 했습니다.

여기서 우리의 이웃이 되어주고 이웃 됨의 모범이 되어주신 예수님을 통해 이웃을 향한 사회적 책임이 무엇인가를 물어야 합니다. 저는 예수님이 이 땅에 오셔서 하신 가장 중요한 사역은 영혼 구원의 사역이라고 믿습니다.

"인자가 온 것은 잃어버린 자를 찾아 구원하려 함이니라"(눅 19:10).

그러나 예수님의 사역은 개개인의 구원뿐 아니라 우리가 사는 이 땅, 이 사회에도 심대한 영향을 끼쳤습니다. 믿음의 선배들은 이 사역을 그분의 두 가지 '사회 섬김 사역'으로 요약했습니다.

그리스도인의 두 가지 사회 섬김 사역

첫째, 사회 봉사 사역입니다.

그리스도인의 사회 섬김 사역을 신학자들은 '사회 참여 사역'(Ministry of Social Involvement)이라고 불렀습니다. 그러나 사회 참여 방법은 다시 크게 두 가지로 구분됩니다.

그 첫째가 '사회 봉사 사역'(Ministry of social service)입니다. 또 다른 말로는 '그리스도인의 자비 사역' 혹은 '긍휼 사역'(Mercy ministry)이라고 부릅니다.

"어떤 사마리아 사람은 여행하는 중 거기 이르러 그를 보고 불쌍히 여겨"(눅 10:33).

이 '불쌍히 여김'(compassion, mercy)이 사마리아인의 사역의 동기입니다. 그래서 어떻게 했습니까?

"가까이 가서 기름과 포도주를 그 상처에 붓고 싸매고 자기 짐승에 태워 주막으로 데리고 가서 돌보아 주니라"(눅 10:34).

어거스틴은 여기 나온 주막의 역할이 바로 교회가 해야 할 역할이라고 했습니다. 예수님은 이 땅에 계시는 동안 지나가는 길에 만난 병든 자들과 마음에 상처받은 자들을 불쌍히 여겨 주셨습니다. 그래서 그들을 위해 기도하시고 병을 고치셨습니다. 예수님 당시 이런 병자가 특히 많았던 곳이 갈릴리였습니다. 예수님은 대부분의 치유 사역을 이곳에서 행하셨습니다. 예수님은 사마리아인의 이야기를 하신 후 율법사에게 묻습니다.

"네 생각에는 이 세 사람(레위인, 제사장, 사마리아인) 중에 누가 강도 만난 자의 이웃이 되겠느냐 이르되 자비를 베푼 자니이다"(사마리아인처럼)(눅 10:36-37).

37절에서 주님은 무엇이라고 이 이야기의 결론을 맺으십니까?

"예수께서 이르시되 가서 너도 이와 같이 하라 하시니라"(눅 10:37).

바로 이 명령, 이 교훈 때문에 그 이후 예수님의 복음이 전해지는 곳마다 수많은 병원이 세워지지 않았습니까? 예수님의 자비 사역, 긍휼 사역의 열매인 것입니다.

우리나라 최초의 서양식 병원을 아십니까? 지금의 세브란스 병원입니다. 본래 이 병원의 최초 이름은 '광혜원'이었습니다. 광혜원은 우리나라에 온 최초의 의료 선교사 알렌이 고종 황제와 신하들에게 의료적 도움을 주기 위해서 시작됐습니다. 얼마 후 캐나다 선교사 에비슨(Oliver Avison)이 이름을 '제중원'으로 바꾸고 본격적으로 신분이 낮은 민중을 진료하기 시작합니다. 1895년, 복음이 처음 이 땅에 전파되기 시작할 당시 콜레라 전염병이 돌기 시작하자 에비슨은 선교사들과 함께 콜레라 방역 퇴치에 나섭니다. 그리고 당시 사회에서 가장 천시 받았던 백정들의 병을 고쳐 주기 시작합니다. 이때 치료받은 사람 중 한 명이 '박성춘'이라는 분이었습니다. 그는 후일 예수를 믿은 뒤 교회 장로가 되었고, 그의 아들 박서양이 제중원에서 의료 수업을 받고 한국 최초의 서양 의사가 됩니다. 그 후 에비슨 원장은 제중원을 보다 현대적인 의료기관으로 발전시키기 위해 건물을 짓게 됩니다. 1900년, 미국의 크리스천 사업가 세브란스 씨가 뉴욕 기금 모금에서 당시로는 거금 15,000달러를 헌금합니다. 기금에서 모여진 돈으로 지금 서울역 앞 도동에 새 건물을 짓게 됐고, 세브란스 병원으로 명명하게 된 것입니다. 병원을 통해 흐르는 주님의 사랑과 자비가 당시 수많은 민중의 병을 치료한 것입니다.

《천로역정》 2편에 보면 크리스티아나와 네 아들이 여행 중 아름다운 집에 도달했을 때 아들 마태가 병들게 됩니다. 이 아름다운 집은 교회의 상징이기도 합니다. 그때 이 집 식구들은 마태를 치유하기 위해 의사 '노런'(Skill) 씨를 불러옵니다. 노런 씨는 의학적이면서도 영적인 진단을 통해 처방하고 병을 치유합니다. 이 장면은 교회의 중요한 미션이 이런 병자들을 긍휼히 여겨 치유하는 사역임을 드러내고 있습니다. 복음서에서 예수님이 사람들을 불쌍히 여기시고 치유하신 것처럼 말입니다.

지구촌교회가 본격적인 셀 목회 사역을 하며 강조한 것이 있습니다. 바로 목장의 사명은 모여서 예배드리고 흩어지는 데만 있지 않고 사역을 해야 한다는 것이었습니다. 선교 사역을 하든가 주변에 계신 독거 노인, 고아, 장애인 등 누군가를 섬기는 긍휼 사역을 해야 한다고 강조해 왔습니다. 이러한 긍휼 사역은 지구촌교회가 열두 기관의 사회 복지 기관을 통해 이웃을 섬기는 교회가 되게 한 비밀이기도 합니다. 이런 사역의 본질은 이웃에 대한 긍휼 혹은 자비입니다. "가서 너도 이와 같이 하라." 내가 너를 긍휼히 여긴 것처럼 너도 그렇게 네 이웃에게 긍휼을 베풀라는 것입니다.

둘째, '사회 행동 사역'입니다.

사회 섬김 사역의 중요한 한 영역으로 지금까지 '사회 봉사 사역'을 강조했습니다. 그런데 사회 섬김의 또 하나의 영역은 '사회 행동 사역'(Ministry of Social Action)입니다. 사회 봉사 사역의 동기가 '긍휼'이나 '자비'라면 사회 행동 사역의 동기는 '정의'입니다.

쉽게 설명하면 이런 것입니다. 여리고 길에서 강도 만나 상처 입고 쓰러져 피 흘리는 사람을 불쌍히 여겨 치료하고 회복시키는 것은 매우 중요합니다. 그러나 여리고 길에서 사람들이 지속적으로 강도들에게 피해를 입고 있다면 그 원인을 근본적으로 찾아 고치는 것 또한 중요하지 않겠습니까? 억울한 피해자가 발생하지 않도록 여리고 길의 환경을 고치는 일 말입니다. 가로등도 달고, 파출소도 세우고, 순찰도 해서 강도들이 출현하지 못하도록 환경 혹은 사회 구조를 바꾸는 일 말입니다. 필요하면 입법 활동을 통해 법을 만들고 개선하는 것도 필요할 것입니다. 그래야 우리 사회가 정의로운 사회가 되지 않겠습니까? 이런 사역을 가리켜 '사회 행동 사역'이라고 말합니다. 그리고 이런 목적에 도달하기 위해서는 그리스도인의 사회 참여 혹은 정치 참여도 필요합니다.

제중원 의사 에비슨이 당시 천대받는 백정 박성춘의 전염병을 치료한 이야기를 들려 드렸습니다. 이런 자비의 사역에 감동받은 그는 자기를 병원에 데려간 사무엘 무어(Samuel Moore) 선교사가 이끄는 교회에 나가기 시작합니다. 그 교회가 지금의 승동교회(옛날에 곤당골교회)입니다.

백정을 차별하지 않는 교회에 대한 소문이 퍼지자 적지 않은 백정들이 그 교회에 출석하기 시작합니다. 그러자 이번에는 그 교회에 이미 나오고 있던 양반들이 불평하기 시작합니다. 양반과 백정이 한 자리에 있을 수 없다고 말입니다. 그러나 담임목사인 사무엘 무어 선교사는 "하나님은 사람을 차별하지 않으신다"고 단호하게 말했고, 일시적으로 양반 교인들의 이탈이 있었습니다. 후일 양반 교인들은 이탈한 공동체에서 어려움이 발생하자 본인들의 잘못을 뉘우치고 다시 본교회로 돌아오게 됩니다.

그러나 곤당골교회는 거기서 멈추지 않고 무어 목사와 박성춘 장로의 이름으로 '백정 차별법 폐지 상소'를 조정에 올립니다. 민적(호적)에 그들의 이름이 올라가고 양반처럼 갓과 망건을 쓰게 해 달라고 말입니다. 1895년, 드디어 교회는 조정으로부터 그들의 요구를 허락한다는 통지문을 받습니다. 무어 목사와 박성춘 장로는 그해 5월과 6월 두 차례에 걸쳐 조정의 포고문을 전국에 방을 붙이게 합니다. 1896년 다음 해, 고종 황제로부터 백정 신분 제한 철폐의 완전한 윤허를 받게 됩니다. 이 때 선교사들은 이 사건이 이스라엘 백성의 출애굽 사건 혹은 링컨(Abraham Lincoln)의 노예해 방 사건, 더 나아가 영국의 크리스천 국회의원 윌리엄 윌버포스 (William Wilberforce)가 평생을 걸고 실현한 노예무역 폐지와 견줄 만큼 위대한 일이었다고 말합니다.

우리 사회 내 부당한 억압에서 자신과 이웃이 해방되고 온전한 자유를 누리도록 행동하는 일, 이것이 바로 '사회 행동 사역'입니 다. 나라의 일꾼을 뽑는 선거에 우리가 적극적으로 참여해야 할 이유도 그것이 바로 크리스천의 사회 섬김이요, 사회 변화의 행 동 사역이기 때문입니다. 하나님 나라의 네 가지 특성인 '자유', '정의', '평화', '기쁨'(복지)을 누가 더 잘 실현하기에 합당한 일꾼 인가를 분별하면서 말입니다.

"아버지의 나라가 임하시오며"라고 기도하는 사람이라면 그런 나라가 이 땅에 실현되도록 기도하고 행동할 책임이 우리에게 있 습니다. 부활하신 예수님이 갈릴리로 가신 이유는 거기에 우리의 섬김을 기다리는 병들고 상처받고 억압받고 힘들어하는 우리의 이웃이 기다리고 있기 때문입니다.

다시 《천로역정》 2편으로 가보겠습니다. 크리스티아나와 순례자 일행이 '허영의 시장'에 도착합니다. 《천로역정》 1편에서 신실 씨가 순교 당했던 곳, 온갖 허영과 거짓, 탐욕이 넘쳐흐르던 곳이 었습니다. 그런데 뜻밖에도 허영의 시장은 전보다 많이 변화하고 있었습니다. 사람들도 많이 부드러워지고 온순해졌으며, 더 이상 그들은 크리스천을 박해하지 않았습니다. 무엇이 이런 변화를 가져온 것이냐고 묻자, "순교한 신실 씨의 피가 그들에게 부담이 되었기 때문이다"라고 답합니다. 이제는 신앙을 존중해야 할 가치로 여기게 된 것입니다.

그러나 아직도 그 도시에는 괴물이 출현하여 아이들을 잡아가는 비극이 계속되고 있었습니다. 뿔이 열 개요 머리가 일곱인 괴물(사탄)이었습니다. 미래 세대가 사탄에게 농락당하는 모습이었습니다. 이때 순례자를 이끄는 '용감' 무사가 이 괴물과 싸우기로 작정합니다. 이 의로운 싸움의 결과로 괴물은 상처를 입은 채 도망쳤고, 도시의 아이들은 더 이상 괴롭힘을 받지 않게 되었습니다. 허영의 도시, 죄악의 도시는 아름다운 문화의 도시로 명성을 얻게 됩니다. 이것이 바로 그리스도인들이 문화의 변혁자로 세상의 소금과 빛으로 살아야 할 이유입니다.

1. 예수님이 이 땅에 오셔서 명하신 가장 중요한 사역은 영혼 구원의 사역이었습니다. 그러나 그분은 또한 "네 이웃을 네 몸과 같이 사랑하라"는 큰 계명을 주셨습니다. 우리의 이웃 사랑의 실천을 간증해 보십시오.

2. 《천로역정》 1편에 나온 '허영의 시장'은 온갖 허영과 거짓, 탐욕이 넘쳐 흐르던 곳이었습니다. 그런데 2편에서는 변화된 모습을 보였습니다. 무엇이 어떤 변화를 가져오게 했나요?

8.

천로역정과
어린이 사역

◇◇◇

"영의 양식으로
　　　자녀의 믿음을 자라게 하십시오"

"그러나 너는 배우고 확신한 일에 거하라 너
는 네가 누구에게서 배운 것을 알며 또 어려
서부터 성경을 알았나니 성경은 능히 너로 하
여금 그리스도 예수 안에 있는 믿음으로 말미
암아 구원에 이르는 지혜가 있게 하느니라 모
든 성경은 하나님의 감동으로 된 것으로 교훈
과 책망과 바르게 함과 의로 교육하기에 유익
하니 이는 하나님의 사람으로 온전하게 하며
모든 선한 일을 행할 능력을 갖추게 하려 함이
라"(딤후 3:14-17).

천국을 소유한 아이들의 영혼

제가 세계 여러 나라를 여행하면서 잊지 않고 기억하는 마을 하나가 있다면 레바논의 브사례(Bcharre)입니다. 유네스코 문화 유산으로 지정된 마을입니다. 이 마을에는 크리스천 작가 칼릴 지브란(Kahlil Gibran)의 생가와 박물관, 그리고 그의 무덤이 있습니다. 그는 시인이었고 화가였고 철학자였습니다. 그의 체취, 그의 향기가 남아 있는 브사례는 조용하지만 단아하고 신비로운 산세를 지닌 작고 예쁜 마을입니다. 레바논의 정세가 좋아지면 꼭 다시 방문하고 싶은 마을입니다.

저는 5월 어린이날이 되면 그가 쓴 《예언자》에 실린 〈아이들에 대하여〉(On Children)란 글을 종종 떠올리고 묵상하게 됩니다.

그대의 아이라고 해서 그대의 아이는 아니오.

아이들은 스스로 갈망하는 삶의 딸이며 아들이니

아이들이 그대를 거쳐서 왔을 뿐

그대로부터 온 것은 아니오.

그러므로 아이들이 그대와 지금 함께 있을지라도

그대에 속해 있는 것은 아니오.

그대는 아이들에게 사랑을 줄 순 있으나

그대의 생각까지 줄 순 없다오.

왜냐하면 아이들에겐 그들 자신의 생각이 있으므로.

그대는 아이들에게 육신이 머무를 집은 줄 수 있으나

영혼이 머무를 집은 줄 수 없다오.

왜냐하면 아이들의 영혼은

내일의 집에 살고 있기에.

그대는 아이들처럼 되려고 애쓸 수는 있지만,

아이들을 그대처럼 만들려고 애쓰지는 마시오.

왜냐하면 삶은 되돌아 가지도 않고

어제에 머물러 있지도 않기에.

바울 사도는 그의 믿음의 아들인 디모데에게 어려서부터 해 온 성경 교육을 통해 잊지 말고 계승해야 할 사역의 본질을 당부하고 있습니다. 바울은 디모데를 위해 기도하는 중에 무엇보다 먼저 어려서부터 신앙의 거룩한 영향을 주었던 디모데의 어머니와 외조모에게 감사하다고 말합니다.

"이는 네 속에 거짓이 없는 믿음이 있음을 생각함이라 이 믿음은 먼저 네 외조모 로이스와 네 어머니 유니게 속에 있더니 네 속에도 있는 줄을 확신하노라"(딤후 1:5).

우리는 디모데와 그의 부모 그리고 그의 영적 아버지였던 바울과의 관계를 통해 우리가 자녀들에게 계승해야 할 어린이 사역의 본질이 무엇인가를 함께 묵상하고자 합니다. 자녀 사역 혹은 어린이 사역의 본질은 무엇일까요?

자녀들에게 계승해야 할 신앙 교육

첫째, 성경을 가르쳐야 합니다.

"그러나 너는 배우고 확신한 일에 거하라 너는 네가 누구에게서 배운 것을 알며 또 어려서부터 성경을 알았나니 성경은 능히 너로 하여금 그리스도 예수 안에 있는 믿음으로 말미암아 구원에 이르는 지혜가 있게 하느니라"(딤후 3:14-15).

여기 어려서부터 배운 가장 중요한 것은 무엇이었다고 했습니까? 바로 '성경'입니다. "어려서부터 성경을 알았나니"라고 했습니다. 이 성경으로 그는 어려서부터 예수 그리스도를 믿는 믿음의 사람이 될 수 있었습니다. 성경의 핵심은 예수 그리스도입니다. 성경을 떠나 우리는 예수를 만날 수가 없습니다. 예수님 자신이 하신 말씀을 상기해 보십시오.

"너희가 성경에서 영생을 얻는 줄 생각하고 성경을 연구하거니와 이 성경이 곧 내게 대하여 증언하는 것이니라"(요 5:39).

그렇습니다. 성경은 예수님이 그리스도이심을, 예수님이 우리의 유일한 구주와 주님이심을 가르치는 유일한 책입니다. 그러므로 자녀들이 이 예수님을 알고 믿고 따르는 사람으로 성장하는 것을 보고자 한다면 우리는 자녀들이 어려서부터 성경을 가까이 하도록 가르쳐야 합니다.

《천로역정》 2편에 보면 크리스티아나가 그녀의 네 아들과 함께 아름다운 집에 도착했을 때, 이 집에 거하고 있는 '분별'이 그녀의 네 아들과 성경으로 교리문답하는 것을 볼 수 있습니다. 그리고 마지막으로 네 아이들에게 "너희들의 아버지를 순례자가 되게 한 이 책을 무엇보다 많이 묵상해야 한다"고 당부합니다. 이 문답에서 분별은 성경이 가르치는 중요한 교리들에 대하여 묻습니다. 창조자 하나님, 삼위 하나님, 인간, 죄, 천국과 지옥 그리고 죽은 자의 부활에 대하여 묻습니다. 이렇게 광범위하게 성경의 주제를 다루는 이유는 디모데후서 3장 16절의 말씀처럼 "모든 성경은 하나님의 감동으로 된 것으로 교훈과 책망과 바르게 함과 의로 교육하기에 유익"하기 때문입니다. 여기 '교훈'으로 번역된 단어는 '디다스칼리아'(didaskalia)인데, KJV는 이 단어를 'doctrine'(교리)라고 번역했습니다. '교리 문답'이란 말이 여기서 나온 것입니다.

종교 개혁자들이 교회를 개혁했을 때 성도들을 가르치기 시작하면서 제일 역점을 둔 교육 방편이 바로 교리 문답이었습니다. 루터의 대소 교리 문답서, 칼빈의 제네바 교리 문답 등은 모두 새 신자와 자녀들을 바른 신앙의 기초 위에 양육하려는 노력으로 시작된 것입니다. 구세군 창설자 윌리암 부스(William Booth)는 "마귀가 우리 자녀들에게 죄를 가르치기 전에 우리가 성경을 가르쳐야 한다"고 말했습니다.

이 말이 얼마나 진리입니까? 최근 n번방으로 드러난 이 땅의 청소년들의 성적 타락은 우리가 자녀들에게 성경보다 스마트 폰을 더 가까이하게 만든 결과가 아닙니까? 그 스마트 폰으로 우리 자녀들은 죄와 타락을 먼저 배우고 있는 것입니다. 그러면 오늘을 사는 우리는 다음 세대에게 얼마나 열심히 성경을 가까이하게 하며 성경의 교리들을 가르치고 있을까요?

둘째, 구원의 확신을 심어주어야 합니다.

자녀들의 신앙 교육에 있어 무엇보다 중요한 것은 성경을 가르치는 일이라고 말씀드렸습니다. 그러나 단순히 자녀들이 성경 말씀을 듣게 하는 것만이 교육의 목적이 되어서는 안 됩니다. 무엇보다 중요한 것은 그들이 성경을 읽음으로 어려서부터 구원의 확신을 갖게 해야 합니다. 바울 사도는 배운다는 것만이 중요한 것이 아니고 확신한 일에 거하게 해야 한다고 말합니다.

"너는 배우고 확신한 일에 거하라"(딤후 3:14).

"또 어려서부터 성경을 알았나니 성경은 능히 너로 하여금 그리스도 예수 안에 있는 믿음으로 말미암아 구원에 이르는 지혜가 있게 하느니라"(딤후 3:15).

성경을 배웠을 때 가장 중요한 교육 목표는 예수를 믿음으로 구원의 확신에 도달하는 것입니다. 우리 자녀들이 성장한 후 인생의 폭풍을 겪게 될 때 이 확신이 자녀를 보호하고 지킬 것이기 때문입니다.

"너희는 믿음 안에 있는가 너희 자신을 시험하고 너희 자신을 확증하라 예수 그리스도께서 너희 안에 계신 줄을 너희가 스스로 알지 못하느냐 그렇지 않으면 너희는 버림 받은 자니라"(고후 13:5).

《천로역정》 2편에 보면 아름다운 집에서 이뤄지는 분별과 크리스티아나의 네 자녀와의 교리 문답에서 가장 중요한 것은 바로 구원의 확인이었습니다.

야고보가 삼위 하나님을 믿는다고 말하자 '분별'이 묻습니다. "성부 하나님이 너를 어떻게 구원하느냐?"고. 대답하기를 "은혜로 구원하지요." 그러면 "성자 하나님은 너를 어떻게 구원하느냐?"고 묻습니다. 대답하기를 "그분의 의로움, 죽음과 보혈, 그리고 다시 사심으로입니다." 그러면 마지막으로 "성령 하나님은 너를 어떻게 구원하느냐?"고 묻자 대답하기를 "빛을 비춰 주시고 새롭게 하시고 보호하시는 역사로입니다"라고 말합니다.

분별은 다시 요셉에게 "구원은 누가 받을 수 있느냐?"고 묻습니다. 그러자 요셉은 "주님이 베푸시는 구원을 선물로 받아들이는 사람들입니다"라고 답합니다. 이때 분별은 "어머니가 과연 잘 가르치셨구나. 부디 그 말씀을 마음에 잘 새기도록 하라"고 당부합니다.

오늘 우리 자녀들은 교회에 나오기만 하는 것은 아닙니까? 구원의 확신은 있습니까? 물론 어려서 한때 확신을 가졌어도 그들의 성장 과정에서 고등학생이 되고 대학생이 되면서 신앙이 흔들리고 회의를 겪는 단계가 있을 수 있습니다. 그러나 그들의 마음 깊은 곳에 구원의 확신이 뿌리내려져 있다면 그들은 반드시 주님에게 돌아올 것입니다. 구원의 확신으로 주님의 임재를 경험한 사람은 인생의 위기에서 오히려 주님을 더 가까이하게 될 것입니다.

"누가 우리를 그리스도의 사랑에서 끊으리요 환난이나 곤고나 박해나 기근이나 적신이나 위험이나 칼이랴 … 내가 확신하노니 사망이나 생명이나 천사들이나 권세자들이나 현재 일이나 장래 일이나 능력이나 … 다른 어떤 피조물이라도 우리를 우리 주 그리스도 예수 안에 있는 하나님의 사랑에서 끊을 수 없으리라"(롬 8:35, 38-39).

이것이 바로 구원의 확신의 영광입니다. 그리고 무엇보다 우리가 그 어느 날 사망의 음침한 골짜기를 지나게 될 때 "내가 해를 두려워하지 않을 것은 주께서 나와 함께 하심이라"고 고백하게 될 것입니다. 그래서 어려서부터 우리 자녀들의 마음에 구원의 확신을 심어줘야 합니다.

셋째, 하나님의 사람으로 온전케 해야 합니다.

어린이 사역의 또 하나의 본질은 성경을 통해 자녀들의 인생이 온전하게 될 수 있다는 축복입니다.

> "이는 하나님의 사람으로 온전하게 하며 모든 선한 일을 행할 능력을 갖추게 하려 함이라"(딤후 3:17).

여기서 '온전'이란 단어를 '완전'의 의미로 이해하실 필요는 없습니다. 여기 사용된 희랍어 '아르티오스'(artios)는 하나님의 일을 감당하기에 적합한 자 혹은 유능한 자라는 의미입니다. 그가 이 말씀으로 잘 훈련되었을 때 유능한 일꾼으로 하나님 나라를 섬길 수 있는 자가 된다는 것입니다. 그러면 된 것 아니겠습니까? 이제 그에게 주어진 은사와 재능으로 그가 마침내 주의 나라를 섬기는 자가 된다는 것, 거기까지가 우리 부모와 신앙의 선배들이 미래 세대에 할 일이 아니겠습니까? 이것이 바로 신앙의 가정과 공동체인 교회의 책임이 아니겠습니까?

《천로역정》 2편에 보면 크리스티아나의 자녀들은 교회를 상징하는 아름다운 집에서 근 한 달을 머물게 됩니다. 거기서 신앙의 친구를 만나고 선배를 만나고 스승을 만나면서 그들은 영적 성숙의 은혜를 입습니다.

이 아름다운 집을 떠나면서 디모데전서의 말씀으로 권면을 받습니다.

"누구든지 네 연소함을 업신여기지 못하게 하고 오직 말과 행실과 사랑과 믿음과 정절에 있어서 믿는 자에게 본이 되어"(딤전 4:12).

"또한 너는 청년의 정욕을 피하고 주를 깨끗한 마음으로 부르는 자들과 함께 의와 믿음과 사랑과 화평을 따르라"(딤후 2:22).

우리의 신앙의 여정에서 이런 아름다운 믿음의 가정과 믿음의 공동체가 있어 도전받고 성숙할 수 있다면 얼마나 큰 은혜이고 축복인지요?

히브리 사람들이 자녀 양육을 하며 자주 묵상하는 말씀이 시편 127편입니다.

"여호와께서 집을 세우지 아니하시면 세우는 자의 수고가 헛되며 여호와께서 성을 지키지 아니하시면 파수꾼의 깨어 있음이 헛되도다 너희가 일찍이 일어나고 늦게 누우며 수고의 떡을 먹음이 헛되도다 그러므로 여호와께서 그의 사랑하시는 자에게는 잠을 주시는도다"(시 127:1-2).

하나님의 도움이 없는 가정의 삶의 헛됨을 말하는 것입니다. 다음 3절을 기억하십니까?

"보라 자식들은 여호와의 기업이요 태의 열매는 그의 상급이로다"(시편 127:3).

그리고 이어지는 4절에서 "젊은 자의 자식은 장사의 수중의 화살 같으니"라고 말합니다.

제가 화두에 인용한 칼릴 지브란은 〈아이들에 대하여〉란 시의 마지막을 이렇게 마무리합니다. 이 시는 바로 이 시편에서 영감을 빌렸습니다.

그대의 아이들은 마치 살아 있는 화살처럼
활인 그대들을 떠나 앞으로 날아간다.

그리고 사수이신 '신'은 무한의 길 위에 한 표적을 겨누고,
'그분'의 화살이 보다 빠르게 멀리 날아가도록
'그분'의 큰 힘으로 그대들을 당기신다.

그대들 신의 손길로 구부러짐을 기뻐하라.
'그분'은 날아가는 화살을 사랑하듯이
흔들림이 없는 강한 활도 사랑하기에.

우리에게 맡겨진 화살들이 이제 하나님의 목표를 향해 힘차게 날아가도록 여러분과 저는 구부린 활이 되어 당기는 일만 하면 됩니다. 그것이 바로 자녀 사역 혹은 어린이 사역의 본질입니다.

묵상 질문 _____

1. 자녀들에게 계승해야 할 신앙 교육의 목표를 어떻게 정해야 할까요?

    1)
    2)
    3)

2. 바울은 어려서부터 배워야 할 가장 중요한 것을 무엇이라고 했나요? 나의 경우 그런 도움과 확신을 어떻게 받을 수 있었는지 나누어 봅시다.

9.

천로역정과
노인 사역

◇◇◇

"받는 자가 아닌
              주는 자로 기억되십시오"

"그 날에 모세가 맹세하여 이르되 네가 내 하나님 여호와께 충성하였은즉 네 발로 밟는 땅은 영원히 너와 네 자손의 기업이 되리라 하였나이다 이제 보소서 여호와께서 이 말씀을 모세에게 이르신 때로부터 이스라엘이 광야에서 방황한 이 사십오 년 동안을 여호와께서 말씀하신 대로 나를 생존하게 하셨나이다 오늘 내가 팔십오 세로되 모세가 나를 보내던 날과 같이 오늘도 내가 여전히 강건하니 내 힘이 그 때나 지금이나 같아서 싸움에나 출입에 감당할 수 있으니 그 날에 여호와께서 말씀하신 이 산지를 지금 내게 주소서 당신도 그 날에 들으셨거니와 그 곳에는 아낙 사람이 있고 그 성읍들은 크고 견고할지라도 여호와께서 나와 함께 하시면 내가 여호와께서 말씀하신 대로 그들을 쫓아내리이다 하니 여호수아가 여분네의 아들 갈렙을 위하여 축복하고 헤브론을 그에게 주어 기업을 삼게 하매 헤브론이 그니스 사람 여분네의 아들 갈렙의 기업이 되어 오늘까지 이르렀으니 이는 그가 이스라엘의 하나님 여호와를 온전히 좇았음이라 헤브론의 옛 이름은 기럇 아르바라 아르바는 아낙 사람 가운데에서 가장 큰 사람이었더라 그리고 그 땅에 전쟁이 그쳤더라"(수 14:9-15).

영원한 안식을 향한 아름다운 마무리

대한민국은 현재 소위 '초고령화 사회'(Post-aged society)를 향해 나아가고 있습니다. 일반적으로 만 65세 이상의 인구가 전체 인구의 7%가 되면 '고령화 사회'(Aging society)라고 부릅니다. 그리고 65세 이상이 전체 인구의 14%가 되면 사회 학자들은 '고령 사회'(Aged society)라고 부릅니다. 그리고 65세 이상이 전체 인구의 20% 이상이 된 사회를 '초고령 사회'라고 부르는 것입니다.

그런데 한국은 지난 2019년 통계로 만 65세 이상 인구가 768만 5천 명으로 전체 인구의 14.9%를 차지하게 되었습니다. 다시 말하면 대한민국은 이미 고령 사회를 지나 이제 마지막 단계인 초고령 사회를 바라보게 되었습니다. 즉 노인 인구가 전체 인구의 20%를 점유하는 사회가 목전에 다가온 것입니다. 이제 이 땅에

사는 사람 다섯 명 중 하나는 노인이라는 통계가 나옵니다.

그러나 우리는 노인들을 다시 네 단계로 나누어 분류할 수 있습니다. 1) 65-75세까지 '젊은 노인'(young-olds)이라 한다면, 2) 75-85세를 '중간 노인'(mid-olds), 3) 85-95세 노인을 '노령 노인'(old-olds), 4) 95세 이상을 '최고령 노인'(oldest-olds)이라고 부를 수 있습니다. 우리는 지금까지 '노인 사역' 하면 이제 은퇴하고 할 일이 없는 분들을 '어떻게 도울 것인가'에만 초점을 맞춰 왔습니다. 그러나 사회학적 통계는 노인의 둘째 단계인 만 85세가 되어서도 노인들이 놀라운 창조성을 갖고 있는 것을 주목하기 시작했습니다. 그래서 그들도 사역을 하는 것이 자신을 위해서도, 사회를 위해서도 유익하다는 판단을 하게 되었습니다.

우리 교회에서는 일찍부터 65세 이상 된 분들로 '시니어 부'를 만들었습니다. '무엇을 받을 것인가?'가 아닌 '무엇을 하도록 할 것인가?' 다시 말하면 '사역하는 시니어'에 초점을 맞춰 모든 프로그램을 기획했습니다. 그 결과 우리 교회 시니어들은 받는 시니어가 아닌 주는 시니어로 여름 단기 선교, 블레싱 전도(선교) 등에 능동적으로 참여하는 시니어가 되었습니다.

본문 말씀을 보니 중간 노인의 절정에 도달한 85세 된 노인 갈렙이 소개되고 있습니다. 이 갈렙의 인생 스토리와 《천로역정》을 묵상하며 우리는 성경이 가르치는 노인 사역의 본질을 함께 성찰해 보고자 합니다. 노인 사역의 본질은 무엇이어야 할까요?

시니어 선교의 가능성

첫째, 노인 사역은 다음 세대를 지혜로 인도하는 일입니다.

노인 정신 의학박사 마크 아그로닌(Marc Agronin)은 《노인은 없
다》(한스미디어 역간)에서 인간은 누구나 늙어가며 육체적으로 퇴보
하지만 정신적인 능력 중 특히 경험을 바탕으로 문제를 해결하는
능력, 곧 지혜만은 노년 들어 더욱 발전한다고 증언합니다. 그는
특히 나이듦의 과정에서 다섯 가지가 발전된다고 합니다.

1) 지식과 경험과 기술이 축적된다.
2) 시행착오를 통한 판단력이 향상된다.
3) 실패를 통해 공감 능력, 특히 인간 이해가 촉진된다.
4) 다음 세대를 의식하여 남길 유산에 대한 창조성이 촉진된다.
5) 죽음을 의식한 인생의 우선순위와 통찰력이 발달한다.

그런데 이 다섯 가지를 한 단어로 말하면 그것이 바로 '지혜'라
고 말합니다. 나이듦의 가장 큰 선물은 바로 지혜입니다. 아프리

카 격언에 "노인 한 사람이 숨을 거두는 것은 도서관 하나가 불탄 것과 같다"라는 말이 있다고 합니다. 노인의 지혜를 예찬하는 말입니다.

영어로 '지혜로운 사람'을 말할 때 보통은 'wise man'이라고 하지만, 고대 영어로 지금까지 쓰이는 보다 고상한 표현 중에 'sage'라는 단어가 있습니다. 이 단어를 번역할 때 조금은 고상한 언어로 '현자'(賢者, 현명한 사람)라고 합니다. 현명함을 명사형으로 'sagacity'라고 합니다.

흥미로운 사실은 《천로역정》 2편이 열리자마자 이 '현자' 혹은 '현명' 씨(Mr. Sagacity)란 노인이 등장한다는 사실입니다. 그의 책임이 무엇입니까? 크리스티아나와 그녀의 네 아들을 천로역정의 길로 인도하는 것입니다. 자신이 지닌 지혜로 다른 사람을 충고하고 안내하는 이들을 가리켜 기독교 영성 역사에서는 '영적 안내자'(Spiritual Director)라는 단어를 쓰기도 했습니다. 오늘날 이런 역할을 하는 사람을 '멘토'(Mentor) 혹은 '코치'(Coach)라고 하며, 그들이 하는 사역을 '멘토링'(Mentoring) 혹은 '코칭'(Coaching)이라고 부릅니다. 마크 아그로닌은 이런 현자를 정의하기를 "한 발은 과거에, 또 한 발은 미래에 둔 상태에서 돕는 사람들의 갈등을 해소하고 시각을 넓힐 방법을 함께 찾아 주는 사람"이라고 정의합니다. 우리 주변에 이런 현자 노인 멘토가 있다면 얼마나 좋을까요?

예컨대 크리스티아나가 절망의 수렁에 도착했을 때 '현명'(현자) 씨는 그녀에게 이렇게 말합니다. "여기가 그대의 남편이 빠져 죽을 뻔한 곳이었다." 그녀가 마침내 절망의 수렁을 건너자 다시 말씀을 전달합니다.

"주께서 하신 말씀이 반드시 이루어지리라고 믿은 그 여자에게 복이 있도다"(눅 1:45).

그녀와 그녀의 네 아들, 자비 양이 마침내 좁은 문을 향해 걷도록 안내한 뒤 현명 씨는 그들 곁을 떠났다고 《천로역정》은 기록합니다. 바로 노인 사역의 진수를 보여주고 있습니다. 다음 세대가 그 길을 잘 갈 수 있도록 안내하는 사역입니다. 구약 잠언서에서 '지혜'는 의인화된 인격의 모습으로 등장하여 우리를 훈계합니다. 잠언 8장은 이런 말로 그 장을 엽니다.

"지혜가 부르지 아니하느냐 명철이 소리를 높이지 아니하느냐"(잠 8:1).

"대저 나를 얻는 자는 생명을 얻고 여호와께 은총을 얻을 것임이니라 그러나 나를 잃는 자는 자기의 영혼을 해하는 자라 나를 미워하는 자는 사망을 사랑하느니라"(잠 8:35-36).

결국 지혜의 원천은 하나님 자신입니다. 우리가 지혜로운 인도를 경험한다는 것은 하나님을 온전히 신뢰하고 그를 따르는 까닭입니다. 갈렙이 지혜로운 노인일 수 있었던 비밀을 성경에서는 어떻게 말합니까?

"헤브론이 그니스 사람 여분네의 아들 갈렙의 기업이 되어 오늘까지 이르렀으니 이는 그가 이스라엘의 하나님 여호와를 온전히 좇았음이라"(수 14:14).

둘째, 노인 사역은 남은 에너지로 싸움을 감당하는 일입니다.

인생은 살아 있는 한 주어진 삶의 길에서 싸움을 감당해야 하는 여정입니다. 믿음으로 살아온 사람들이 은퇴했다고 해서 모든 사역을 내려놓는 것이 아닙니다. 아직도 그에게는 은혜로 남겨진 에너지가 있고 그 에너지로 남은 과업을 감당해야 합니다.

노년의 창조성 연구 대가인 진 코헨(Gene Cohen)은 그의 저서 《창조적으로 나이들기》(동연 역간)에서 이렇게 말합니다. 우리가 나이가 들어 은퇴하거나 역할 변화가 생기더라도 창의적 활동을 추구하는 소위 '발달 지능'과 '확산적 사고'(Divergent thinking)가 강화

됨으로써 오히려 생각하는 방식에서 성숙한 창의성을 발휘할 수 있다고 증언합니다. 그래서 노년을 잘 관리하는 사람들은 은퇴 이후에도 여전히 창조적 작품을 남길 수 있다고 말합니다.

화가 클로드 모네(Claude Monet)는 76세에 '수련'을 그리기 시작했고, 화가 마르크 샤갈(Marc Chagall)은 91세에 그의 마지막 대표작 '성 슈테판교회 스테인드 글라스'를 완성했고, 모제스(Grandma Moses)는 100세에도 그림을 그렸습니다. 음악가요 목사인 박재훈 선생은 90세에 창작 오페라 '손양원'을 완성하여 한국교회에 헌정했습니다. '요한계시록'의 저자 요한은 90대에 하늘의 계시로 이 위대한 책을 기록했습니다. 위대한 문호 괴테(Johann Wolfgang von Goethe)는 70세가 넘어 인도, 중국 등 외국 문학 연구를 본격적으로 시작했고, 83세로 타계하기 직전에 《파우스트》를 완성했습니다. 세계적 경영학자 피터 드러커(Peter Drucker)의 중요한 책 20여 권은 모두 80세 이후에 저술되었습니다(90대에 10권을 저술, 97세에 임종). 2013년 104세의 나이로 소천한 복음성가 가수 조지 베벌리 쉐아(George Beverly Shea)는 그의 나이 102세에 그래미(Grammy Award) 음악상을 받았고, 103세에 소천하신 한국의 방지일 목사님도 소천 한 주 전까지도 말씀을 가르치고 증거하셨습니다.

85세가 된 노인 갈렙은 유명한 고백을 합니다.

"모세가 나를 보내던 날과 같이 오늘도 내가 여전히 강건하니 내 힘이 그 때나 지금이나 같아서 싸움에나 출입에 감당할 수 있으니 그 날에 여호와께서 말씀하신 이 산지를 내게 주소서"(수 14:11-12).

《천로역정》 2편에서 사망의 음침한 골짜기를 지나면서 크리스티아나 일행은 또 한 분의 멋진 노인 순례자 '정직'(Honest)을 만나게 됩니다. 그는 '용감'이라는 호위무사를 만나서 "그리스도인이란 스스로 굴복하지 않는 한 결코 패배할 수 없는 존재"라고 자신의 정체성을 고백합니다. 후일 '절망의 거인'(Giant Despair)이 다스리는 '의심의 성'(Doubting Castle)에 도달했을 때 무사 용감은 "나는 순례자를 괴롭히는 저 의심의 성을 부수기 위해 저 거인과 싸울 것입니다. 누가 함께 갈 분이 있습니까?"라고 묻습니다. 그때 정직은 "제가 가지요"라고 대답합니다. 그리고 '정직'은 이 의심의 성 전투에서 거인의 아내 '의혹'(Diffidence)을 무찌르는 용기를 발휘합니다. 그는 바로 갈렙과 같은 노인, 아직도 남은 에너지로 하나님 나라를 위해 싸울 줄 아는 노장 무사였습니다. 이런 기개가 남아 있는 한 그는 아직도 그 나라의 사역자입니다.

셋째, 노인 사역은 인생 마무리의 모본을 남기는 일입니다.
저는 노인이 이 땅에 남길 수 있는 가장 아름다운 유산이 있다면 '인생을 잘 마무리하는 것'(finishing well)이라고 생각합니다. 그리고 이 아름다운 인생의 마무리에는 가치 있는 유산이 포함되어야 한다고 생각합니다.

《천로역정》의 저자 존 번연이 정직이라는 노인을 마지막에 부각시키는 이유도 그가 이름처럼 정직하게 살았기 때문일 것입니다. 정직은 그리스도인이 남긴 유산 가운데 가장 중요한 유산입니다. 우리는 과거 거짓의 아비인 마귀를 섬기다가 정직하고 참되신 하나님에게 돌아온 자들이기 때문입니다. 이제 우리 아버지 하나님이 정직하고 참되신 분이라면 우리의 나머지 인생은 당연히 그분을 닮아야 할 것입니다. '죽음의 강' 앞에 도착한 '정직'은 친구들을 불러 마지막 유언을 이렇게 남깁니다.

"나는 죽습니다. 그러나 유언장은 만들지 않겠소. 그러나 나의 정직은 나와 함께 갈 것이오. 내 뒤를 따라오는 사람들에게 나의 정직에 대하여 이야기 해주길 바라오."

그는 이제 차비를 차리고 강을 건너기 시작합니다. 그때 강둑 군데군데가 범람하고 있었습니다. '정직'은 생전에 '선한 양심'(Good conscience)과 그곳에서 만나기로 약속했었는데 그가 약속을 잊지 않고 다가와서는 그의 손을 잡아주어 무사히 건널 수가 있었습니다. 정직은 "은혜가 다스리십니다"라는 마지막 말을 남기고 강을 건넜습니다. 이 마지막 풍경은 우리 그리스도인이

끝까지 선한 양심으로 살 것과 하나님의 은혜를 의지하여 인생을 마무리할 것을 가르치는 레슨이 아닙니까!

위대한 청교도 목사 리처드 백스터(Richard Baxter)는 그의 책 《성도의 영원한 안식》(크리스천다이제스트 역간)에서 우리가 기다리는 영원한 안식의 특성을 열거하고 있습니다.

"안식은 믿음의 여정의 완수라고… 안식은 이제 모든 죄악에서 우리가 자유로워지는 것이라고… 안식은 개개인의 인격의 완성이라고… 안식은 우리의 육체와 영혼이 완전해지는 것이라고… 안식은 이제 하나님을 온전하게 알고 즐거워하는 것이라고… 안식은 사랑과 기쁨을 충만하게 경험하는 것이라고… 안식은 성도들이나 천사들과 친밀함을 누리는 것이라고… 안식은 고통으로부터 완벽하게 벗어나는 것이라고…."

죽음을 통과한 영원한 안식이야말로 우리의 인생을 아름답게 마무리할 것이라고 가르치지 않습니까? 노인 사역은 이제 이 아름다운 순간을 앞둔 자기 성화 사역입니다.

여호수아 14장 9-15절에 등장하는 갈렙은 이러한 아름다운 사역 마무리에 모본을 남긴 사람입니다. 그는 마지막까지 여호수아 뒤에서 그림자 존재 같은 2인자로 살면서도 자신의 위치를 불평하거나 시기하지 않고 그 위치를 지키면서 '여호와를 온전하게 좇은 사람'이었습니다. 본문에 이은 15장을 보면 그의 딸 악사가 출가하게 됩니다. 출가하며 아버지에게 밭을 달라고 구합니다. 여호수아 15장 18절에 보면 "네가 무엇을 원하느냐"고 묻습니다.

"이르되 내게 복을 주소서 아버지께서 나를 네겝 땅으로 보내시오니 샘물도 내게 주소서 하매 갈렙이 윗샘과 아랫샘을 그에게 주었더라"(수 15:19).

이 말씀대로 갈렙은 딸과 사위를 축복하며 나눔을 실천합니다. 그가 살던 땅에 그는 축복을 남기고 갔습니다. 이것이 노인 사역의 마무리입니다.

묵상 질문

1. 노년기를 생각하며 내가 준비해야 할 것은 무엇입니까?

2. 《노년 항해를 준비하라》(연합가족상담연구소)를 읽고 그 소감을 나누어 보십시오.

10.

천로역정과
장애인 사역

◇◇◇

"약자를 향한 돌봄이
　　나를 향한 하나님의 마음입니다"

"예수께서 길을 가실 때에 날 때부터 맹인 된
사람을 보신지라 제자들이 물어 이르되 랍비
여 이 사람이 맹인으로 난 것이 누구의 죄로
인함이니이까 자기니이까 그의 부모니이까
예수께서 대답하시되 이 사람이나 그 부모의
죄로 인한 것이 아니라 그에게서 하나님이 하
시는 일을 나타내고자 하심이라 때가 아직 낮
이매 나를 보내신 이의 일을 우리가 하여야 하
리라 밤이 오리니 그 때는 아무도 일할 수 없
느니라 내가 세상에 있는 동안에는 세상의 빛
이로라 이 말씀을 하시고 땅에 침을 뱉어 진흙
을 이겨 그의 눈에 바르시고 이르시되 실로암
못에 가서 씻으라 하시니 (실로암은 번역하면 보
냄을 받았다는 뜻이라) 이에 가서 씻고 밝은 눈
으로 왔더라"(요 9:1-7).

장애인 섬김은 모든 인류의 의무

최근 국내 국회의원 선거에서 한 후보가 모든 노인은 장애인 후보라고 발언해서 그 말이 막말로 간주되어 화제가 되었습니다. 그러나 저는 그 발언이 결코 막말이 아니라 참된 말이라고 생각합니다. 생각해 보십시오. 늙어가면서 육체의 기능이 퇴화하지 않는 사람이 한 사람이라도 존재할까요? 통계에 따르면 어느 나라나 인구의 10%는 장애인으로 간주됩니다. WHO는 세계 인구의 15%까지를 장애인으로 발표하고 있습니다. 그런데 그 장애인 중 선천적 장애인은 20%에 불과하고 남은 80%는 후천적 장애인에 속한다고 합니다. 그렇다면 남한의 인구를 약 5,000만 명이라고 할 때 현재 인구의 500만 명은 장애인이고 그 중 80%는 모두 사고나 질병, 노화 현상으로 후천적 장애인의 경험을 하게 된다는 사실입니다. 그런 의미에서 우리 모두는 일종의 예비 장애인이라고 할 수 있습니다. UN 장애인 권리선언에 따르면 선천적이든 후천적이든, 신체적이든 정신적이든 누군가의 도움 없이 홀로 삶을 영위하기 어려운 모든 사람을 '장애인'이라고 정의하고 있습니다.

그러므로 UN은 장애인을 돕고 섬기는 것은 인간 된 모든 인류의 의무라고 말합니다. 그런데 장애인 섬김 사역은 사실상 기독교권의 성경적 영향으로 시작되었음을 간과하지 말아야 합니다. 왜냐하면 성경은 모든 인류가 차별 없이 하나님의 형상대로 지음받은 존재라고 가르치는 까닭입니다.

특별히 이 땅에 산업화가 발달하며 산업재해, 교통사고, 약물 중독 등으로 장애인이 양산되자 이를 바라본 기독교권에서 장애인 섬김, 장애인 치유 운동이 먼저 일어나기 시작했습니다. 우리나라에서도 이 땅에 복음을 전한 선교사들을 통해 최초의 자발적인 장애인 섬김 운동이 시작되었습니다. 그리고 이런 운동에 선각자적인 안목을 가진 선배 그리스도인들을 통해 30년 전부터 밀알 선교운동이 시작되었고, 저도 지난 10년간 밀알 선교회 이사장으로 장애인 이웃을 섬길 수 있는 특권을 누릴 수 있었습니다. 그리고 수년 전부터 지구촌교회 사회복지 법인은 용인시 수지 장애인 복지관과 지구촌 보호작업장(장애인 일터), 성남시 율동 생태학습원, 그리고 화성시 동탄 아르딤 복지관을 통해 장애인 이웃을 섬겨오고 있습니다. 참으로 감사한 일입니다.

장애인 선교의 사랑 실천

첫째, 장애인에 대한 편견을 극복해야 합니다.

예수님 당시에도 장애인에 대한 편견이 예수님의 제자들에게도 영향을 끼쳤음을 볼 수 있습니다. 예수님이 길을 지나시다가 태어날 때부터 시각 장애를 겪고 있는 사람을 만나게 되었을 때 제자들이 질문을 던집니다.

"예수께서 길을 가실 때에 날 때부터 맹인 된 사람을 보신지라 제
자들이 물어 이르되 랍비여 이 사람이 맹인으로 난 것이 누구의
죄로 인함이니이까 자기니이까 그의 부모니이까"(요 9:1-2).

여기서 우리는 예수님의 제자들에게도 일종의 문화적 혹은 신학적 편견이 자리 잡고 있음을 알 수 있습니다. 이 말씀에 등장하는 사람의 장애인 됨이 자신의 죄 혹은 부모의 죄로 말미암은 것이라는 편견입니다. 이것은 아마도 율법주의적 문화의 영향에 기인한 유대적 사고의 편견이었을 것입니다. 율법주의는 결국 인과

론에 뿌리박는 사상이기에 그 사람이 그렇게 된 것은 우연이 아니고 반드시 그럴 만한 이유가 있다는 것입니다. 그리고 그 원인을 자신의 과거 혹은 존재의 뿌리가 된 부모의 죄에 기인한다고 생각한 것입니다.

한국을 포함한 동양 문화권에서는 신체가 건강하지 못한 것을 수치로 여기는 생각이 존재합니다. 소위 "신체발부 수지부모"(身體 髮膚 受之父母, 부모가 물려주신 신체는 머리털까지도 소중하다)라는 말이 있습니다. 이 말엔 그릇됨이 없습니다. 문제는 신체가 훼손됐을 때 그 불편을 극복하도록 돕기보다, 운명(잘못 태어난 사람)으로 돌리는 체념이나 그런 사람들을 사회에서 소외시키는 차별이 뿌리박혀 있었다는 것입니다.

그러나 예수님에게는 그런 편견이 없으셨습니다. 우선 예수님이 이 사람을 향해 '맹인'이란 표현을 사용하지 않으셨다는 것을 주목하십시오.

"예수께서 대답하시되 이 사람이나 그 부모의 죄로 인한 것이 아니라 그에게서 하나님이 하시는 일을 나타내고자 하심이라"(요 9:3).

예수님은 장애인에 대한 편견의 언어부터 거절하시고 그를 맹인 혹은 과거의 우리처럼 소경이라고 부르시지 않고 '이 사람'이라고 하십니다. 우리와 꼭 같은 하나님의 형상으로 지음 받은 사람이란 말입니다.

최근 장애인 인권 의식이 향상하면서 이런 편견의 언어들이 대치되고 있는 것은 감사한 일입니다. 시각 장애인, 청각 장애인, 언어 장애인, 정서 장애인 등 몸의 한 기능에 장애가 있는 사람이라고 표현하는 것이 옳습니다.

《천로역정》에도 장애인이 등장한다는 것을 아십니까? 지팡이를 짚고 다니는 사람을 존 번연은 '주저' 씨(Mr-Ready-To-Halt, 걸어 다니며 자주 쉬어야 하는 분)로 묘사합니다. 그리고 정신적 지체를 앓고 있는 한 사람을 존 번연은 '약한 마음' 씨(Feeble-mind)라고 부릅니다. 얼마나 정중한 표현인지요! 장애인들이 천시받고 소외되던 구약 시대에 기록된 말씀을 상기해 보십시오.

"너는 귀먹은 자를 저주하지 말며 맹인 앞에 장애물을 놓지 말고 네 하나님을 경외하라 나는 여호와이니라"(레 19:14).

둘째, '하나님의 선교'임을 이해해야 합니다.

본문을 보면 이런 당시의 문화적 편견에 기인해 질문하던 제자들에게 예수님이 말씀하신 대답은 무엇입니까? 요한복음 9장 3절 하반부를 다시 보십시오.

"…그에게서 하나님이 하시는 일을 나타내고자 하심이라."

이어지는 말씀을 함께 보겠습니다.

"때가 아직 낮이매 나를 보내신 이의 일을 우리가 하여야 하리라 밤이 오리니 그 때는 아무도 일할 수 없느니라"(요 9:4).

예수님은 인생의 장애를 하나님의 선교의 관점에서 보시고 하나님의 일을 나타내려 함이라고 하셨습니다. 이런 관점을 신학에서는 '하나님의 선교'(Missio Dei)라고 말합니다. 본래 '미션'(mission)이란 말의 뜻은 '보낸다'는 말입니다. 우리가 이 땅에 보냄 받은 이유 중 하나는 하나님의 일을 하기 위해서입니다. 그 일 중의 하나가 바로 우리 곁에 있는 장애인들을 섬기는 것입니다.

실제로 장애인 선교는 예수님의 사명이면서 예수님을 따르는 제자들의 사명이기도 합니다. 의사 누가는 메시아이신 예수님이 이 땅에 오신 사명을 이렇게 선포합니다.

"주의 성령이 내게 임하셨으니 이는 가난한 자에게 복음을 전하게 하시려고 내게 기름을 부으시고 나를 보내사 포로 된 자에게 자유를, 눈 먼 자에게 다시 보게 함을 전파하며 눌린 자를 자유롭게 하고 주의 은혜의 해를 전파하게 하려 하심이라 하였더라"
(눅 4:18-19).

이 일을 위해 보냄 받으신 예수님이 동일한 사명을 위해 그의
제자 된 우리를 오늘의 세상으로 보내고 계십니다.

《천로역정》 2편에 보면 착한 하나님의 사람 '가이오의 집'(교회
의 상징)에 도착한 '약한 마음' 씨를 환영하며 가이오는 이렇게 말
합니다. "자, 선생! 기운을 내십시오. 저의 집에 오신 것을 환영합니
다. 원하시는 것이 있으면 마음 놓고 요청하십시오. 저와 함께하는
섬김이들에게 원하시는 것을 시키시면 기쁘게 섬김을 감당할 것입
니다." 이런 정성으로 섬김을 실천하는 가이오를 향해 순례자를
보호하는 용감 무사는 말씀을 전합니다.

"사랑하는 자여(가이오) 네가 무엇이든지 형제 곧 나그네 된 자들
에게 행하는 것은 신실한 일이니 그들이 교회 앞에서 너의 사랑
을 증언하였느니라 네가 하나님께 합당하게 그들을 전송하면 좋
으리로다"(요삼 1:5-6).

이 말씀에서 가이오와 가이오의 집으로 상징되는 장애인 사랑
의 실천을 볼 수 있습니다. 그렇습니다. 장애인 섬김은 오늘날에

도 여전히 하나님 선교의 사역임을 잊지 마십시오.

셋째, 장애인에게 도움이 되는 일로 시작해야 합니다.

인류 역사의 모든 갈등의 문제는 결국 사랑이 해답임을 우리는 인지하고 있습니다. 그러나 우리의 실제 문제는 그 사랑이 사랑을 기대하는 사람에게는 사랑으로 인지되지 못한다는 데 문제가 있습니다. 진정한 치유의 사역은 상대방이 실감나게 인지되는 방법으로 사랑이 적용되어야 합니다.

날 때부터 시각 장애인이었던 이 사람이 기다리던 절실한 해답은 눈을 떠서 새 세상을 보는 일이었습니다. 한 번도 그는 빛의 세상을 본 일이 없었기 때문입니다. 이 사람을 향하여 요한복음 9장 5절에서 예수님은 선포하십니다

"내가 세상에 있는 동안에는 세상의 빛이로라."

그리고 그에게 다가가신 예수님의 행동을 보십시오.

"이 말씀을 하시고 땅에 침을 뱉어 진흙을 이겨 그의 눈에 바르시고"(요 9:6).

왜 그렇게 하셨을까요? 경건주의 주석가인 벵겔(Bengel)은 이 예수님의 행위를 '새 창조를 위한 창조의 행위'라고 말합니다. 진흙은 인간 창조의 원료입니다. 진흙이 여기 앞을 보지 못하던 사람의 눈에 발라지는 것이 느껴질 때 그는 새 창조를 기대할 수 있었을 것입니다. "진흙으로 나를 만드신 분이 이제 나를 다시 새롭게 지으신다"고 기대할 수 있었을 것입니다. 그리고 이제 예수님은 말씀하십니다.

"이르시되 실로암 못에 가서 씻으라 하시니 (실로암은 번역하면 보냄을 받았다는 뜻이라) 이에 가서 씻고 밝은 눈으로 왔더라"(요 9:7).

가이오는 길을 떠나는 연약한 순례자들에게 길에서 마실 음료를 제공하고 용감 무사를 통해 그가 나아갈 길에 보호자가 되게 하십니다. 용감 무사는 약한 마음 씨에게 이렇게 말합니다.

"저는 마음이 연약한 사람들을 위로하고 붙잡아 주는 임무를 받았습니다. 안심하고 저와 동행하십시오. 그런데 저와 보조를 항상 맞출 것을 걱정하지 마십시오. 우리가 당신을 기다려 드리겠습니다. 당신을 뒤에 남게 하기보다 우리가 만사를 당신에게 맞출 것입니다."

이것이 진정한 섬김입니다. 상대에게 도움이 되는 방법으로 도움을 베풀어야 한다는 것입니다. 이렇게 가이오의 집 앞에서 출발 준비를 하고 있을 때, 마침 거기에 지팡이를 짚고 오는 주저 씨가 도착합니다. 약한 마음 씨는 주저 씨를 보자 너무 기뻐하며 말합니다.

"지금 저는 마땅한 동행자가 없다고 불평하고 있었는데 당신 같은 사람이 내가 바라던 동행자입니다. 우리는 서로 도움이 될 수 있을 것 같군요."

주저 씨가 말합니다.

"저도 당신과 동행하면 좋겠습니다. 필요하면 저의 지팡이를 빌려 드리겠습니다."

그랬더니 약한 마음씨가 이렇게 말합니다.

"호의는 감사합니다만 저의 다리는 아직 멀쩡합니다. 대신 길에서 개가 쫓아오면 그 지팡이로 저를 보호해 주십시오."

여기 연약한 사람들이 서로가 서로의 보호자가 되어 동행하는 아름다운 순례의 모습을 보십시오. 이것이 바로 진정한 천로역정 순례단의 모습입니다.

영성 작가 헨리 나우웬(Henri Nouwen)의 저서 중에 《아담》(IVP 역간)이란 책이 있습니다. 그가 하버드와 예일대학 교수직을 그만두고 소수의 장애인을 섬기기 위해 캐나다 토론토의 데이브레이크 공동체에 갔을 때였습니다. 많은 이들은 그의 영웅적인 결단과 섬김에 박수를 보내면서도 그의 재능을 소수의 장애인에게 허비하는 것을 안타까워했습니다. 그는 《아담》이란 책에서 그가 돌보았던 아담이란 정신 지체아를 통해 우리에게 말합니다.

"나는 처음에 아담을 돌보기 위해 이곳에 왔지만 그러나 오히려 아담이 나에게 더 많은 것을 주었고 나를 가르쳤다고 말합니다. 아담이 나에게 축복이었다고, 나는 아담을 통해서 예수님을 발견했다고 말합니다. 아담의 연약한 모습을 통해 연약한 모습으로 오신 예수님을 발견했고, 그의 고난을 통해 예수님의 고난을 보았고, 그의 죽음을 통해 예수님의 죽음과 부활의 소망을 경험했다고 말합니다."

이것이 장애인 사역을 통한 실로암 체험이라고 믿습니다. 우리가 이런 섬김으로 산다면 우리는 우리가 부르는 복음성가 〈실로암〉처럼 새벽을 향해 떠나는 소명자가 될 것입니다.

"어두운 밤에 캄캄한 밤에 새벽을 찾아 떠난다.
종이 울리고 닭이 울어도 내 눈에는 오직 밤이었소.
오 주여 주님께 감사하리라. 실로암 내게 주심을
나에게 영원한 사랑 속에서 떠나지 않게 하소서."
– 〈실로암〉(신상근 작사, 작곡)

우리 모두 실로암 인생으로 보냄 받은 삶의 주인공이 되시기를, 누군가의 눈에 진흙을 발라 메시아의 새벽 빛을 보게 하기를 기도합니다.

묵상 질문 _____

1. 우리 주변에서 쉽게 적용할 수 있는 장애인 사역은 무엇이 있을까요?

2. 《천로역정》에 나온 '주저' 씨와 '약한 마음' 씨는 서로를 어떻게 도와 주고 있나요?

3. 헨리 나우웬의 《아담》을 읽고 소감을 나누어 보십시오.

11.

천로역정과
중보기도 사역

◇◇◇

"중보기도는
　　　의의 길을 향한 이정표입니다"

"내가 비옵는 것은 그들을 세상에서 데려가시
기를 위함이 아니요 다만 악에 빠지지 않게 보
전하시기를 위함이니이다 내가 세상에 속하지
아니함 같이 그들도 세상에 속하지 아니하였
사옵나이다 그들을 진리로 거룩하게 하옵소서
아버지의 말씀은 진리니이다 아버지께서 나를
세상에 보내신 것 같이 나도 그들을 세상에 보
내었고 또 그들을 위하여 내가 나를 거룩하게
하오니 이는 그들도 진리로 거룩함을 얻게 하
려 함이니이다 내가 비옵는 것은 이 사람들만
위함이 아니요 또 그들의 말로 말미암아 나를
믿는 사람들도 위함이니"(요 17:15-20).

"그러므로 내가 첫째로 권하노니 모든 사람을
위하여 간구와 기도와 도고와 감사를 하되 임
금들과 높은 지위에 있는 모든 사람을 위하여
하라 이는 우리가 모든 경건과 단정함으로 고
요하고 평안한 생활을 하려 함이라"(딤전 2:1-2).

예수님이 몸소 실천하신 중보기도

지금 이 시대는 다른 어떤 때보다 중보기도가 필요한 때입니다. 중보기도는 예수님과 당시 그의 제자들이, 오늘을 살아가는 제자들이 따라오도록 본을 보여주신 사역입니다.

요한복음 17장은 예수님이 이 땅을 떠나시기 전에 당신의 제자들을 위한 중보기도문으로 흔히 예수님의 '대제사장적 기도'라고 일컬어집니다. 우선 요한복음 17장에 "내가 그들을 위하여 비옵나니…"라는 기도문이 세 번 이상 반복되는 것을 봅니다(9, 15, 20절). 그런데 이 기도는 당시 제자들만을 위한 기도가 아니었음을 주목해야 합니다.

"내가 그들을 위하여 비옵나니 내가 비옵는 것은 세상을 위함이

아니요 내게 주신 자들을 위함이니이다 그들은 아버지의 것이로
소이다"(요 17:9).

"내가 비옵는 것은 이 사람들만 위함이 아니요 또 그들의 말로 말
미암아 나를 믿는 사람들도 위함이니"(요 17:20).

다시 말하면 예수님의 처음 제자들 혹은 사도들의 전도로 예수
를 믿게 될 훗날의 제자, 즉 오늘의 우리를 위한 기도가 포함된다
는 사실입니다. 그리고 그 기도의 핵심은 무엇입니까?

"내가 비옵는 것은 그들을 세상에서 데려가시기를 위함이 아니
요 다만 악에 빠지지 않게 보전하시기를 위함이니이다"(요 17:15).

이 말씀은 바로 주님이 가르치신 기도문에서 '다만 악에서 구
하시옵소서'라고 가르치신 내용과 정확하게 일치합니다.
예수님이 몸소 실천하신 중보기도는 여기서 멈추지 않고 제자
들을 통해 오늘을 사는 우리에게 전수됩니다. 이제 바울 사도가
디모데에게 가르치신 목회의 우선순위가 무엇인가를 보십시오.

"그러므로 내가 첫째로 권하노니 모든 사람을 위하여 간구와 기

도와 도고와 감사를 하되 임금들과 높은 지위에 있는 모든 사람을 위하여 하라 이는 우리가 모든 경건과 단정함으로 고요하고 평안한 생활을 하려 함이라"(딤전 2:1-2).

우리의 구체적 일상에 영향을 미치는 나라와 사회 지도자를 위해 중보하는 것은 우리의 삶의 마당에서 고요와 평안을 누리기 위해 무엇보다 먼저 행할 사역의 우선순위가 된다는 것입니다. 왜냐하면 지도자의 통치 행위를 통해서 우리는 영향을 받을 수밖에 없기 때문입니다. 그래서 바울은 우리가 목사와 선교사를 위해 기도하는 것도 중요하지만 더욱 중요한 것은 우리 사회의 정치, 행정을 담당한 이들을 위해 먼저 기도해야 한다고 강조합니다.

따라서 중보기도는 우리의 삶과 사회 안전과 직결된 사역입니다. 이런 중보기도 사역자를《천로역정》에서는 아주 흥미로운 인물로 묘사합니다. 그의 이름이 '확고부동'(Stand-fast)입니다. 중보기도 사역에 따라 우리 가정, 우리 교회, 우리 나라의 확고부동함이 결정되기 때문입니다.

그러면 이 중보기도 사역이 오늘날에도 변함없이 필요한 이유는 무엇 때문일까요?

중보기도 사역이 오늘날에도 필요한 이유

첫째, 악한 세상, 악한 마귀 때문입니다.

"내가 비옵는 것은 그들을 세상에서 데려가시기를 위함이 아니요 다만 악에 빠지지 않게 보전하시기를 위함이니이다 내가 세상에 속하지 아니함 같이 그들도 세상에 속하지 아니하였사옵나이다"(요 17:15-16).

주님은 이 기도에서 우리가 사는 세상이 악의 지배를 받는 세상임을 전제하고 계심을 알 수 있습니다. 다시 말하면 이 세상은 악한 세상이라고 말씀하십니다. 그럼에도 불구하고 우리가 떠날 세상이 아니고 극복해야 할 세상이라고 말씀하십니다. 그래서 주님은 그가 가르쳐 주신 주기도문에서 "우리를 시험에 들게 하지 마시옵고 다만 악에서 구하시옵소서"(마 6:13)라고 기도하라 말씀하십니다. 성경 번역자 중에는 '악'(evil)보다 '악한 자'(evil one)라고 번역하는 것이 더 정확하다고 주장합니다. 그렇다면 악의 배후에는 악한 자, 곧 악마가 존재하고 있고, 따라서 주님은 우리가 악한 세상 그리고 그 배후에 존재하는 악한 마귀의 유혹에서 우리의 거룩함이 보존되고 승리하기를 바라며 기도하신 것입니다.

이러한 내용은 《천로역정》 2편에서 생생한 스토리로 잘 묘사되고 있습니다. 크리스티아나와 네 아들이 '마법의 땅'(Enchanted Ground)에 도착했을 때, 그들은 한 정자에 잠들어 있는 두 사람을 발견하게 됩니다. 이 두 사람의 이름은 '부주의'(Heedless)와 '과신'(Too-bold)입니다. 이름처럼 그들의 부주의와 과신으로 시험에 들어 영적 잠에 빠져든 것입니다. 순례단 일행은 동일한 곳에서 '거품 마담'(Madam Bubble)이란 마녀를 만나게 됩니다. 순례단은 그녀를 따라오라는 유혹을 받습니다. 용감 무사는 이 땅이 마법에 걸린 것은 다 그녀의 마술 때문이라며, 순례자가 그녀의 아름다움에 한눈을 파는 순간 하나님의 원수가 된다고 경종을 울립니다. 그리고 바로 이 대목에서 《천로역정》의 저자 존 번연은 두 개의 성구를 기록합니다. 첫째 성구입니다.

"간음한 여인들아 세상과 벗된 것이 하나님과 원수 됨을 알지 못하느냐 그런즉 누구든지 세상과 벗이 되고자 하는 자는 스스로 하나님과 원수 되는 것이니라"(약 4:4).

이어 두 번째 말씀입니다.

"…청년들아 내가 너희에게 쓴 것은 너희가 강하고 하나님의 말

씀이 너희 안에 거하시며 너희가 흉악한 자를 이기었음이라 이
세상이나 세상에 있는 것들을 사랑하지 말라 누구든지 세상을
사랑하면 아버지의 사랑이 그 안에 있지 아니하니"(요일 2:14-15).

이어지는 말씀은 악한 자 마귀가 세상을 통해 우리를 유혹하는
마귀의 세 가지 무기를 열거합니다.

"이는 세상에 있는 모든 것이 육신의 정욕과 안목의 정욕과 이생
의 자랑이니 다 아버지께로부터 온 것이 아니요 세상으로부터
온 것이라"(요일 2:16).

그렇습니다. 선배 설교가들은 '육신의 정욕', '안목의 정욕', '이
생의 자랑'을 악마의 세 가지 무기라고 불러왔습니다. 인류의 조
상 아담을 악한 자가 찾아와 유혹할 때 사용한 무기도 이것들이
었습니다. 선악을 알게 하는 나무를 본 순간 먹음직하고(육신의 정
욕), 보암직하고(안목의 정욕), 지혜롭게 할 만큼 네가 하나님처럼 높
아진다고(이생의 자랑, Pride of Life) 느끼게 한 것이 바로 동일한 유혹
의 방편이었습니다. 그리고 이천 년 전 이 땅에 오신 하나님의 아
들 예수님도 이 세 가지 유혹에 직면하시지 않습니까? 그가 공생
애를 시작하시며 금식하고 광야에 가셨을 때 악한 자가 찾아와

첫째로 미혹한 것은 이 돌들을 명하여 떡덩이가 되게 하라가 아니었습니까? 바로 육신의 정욕이지요. 그리고 이어서 천하만국의 영광을 '보여주며' 내게 절하면 다 주겠다고 했습니다. 이것이 바로 안목의 정욕이지요. 그리고 성전 꼭대기에서 뛰어내려 보라고 하면서 네 발을 천사가 들어 올린다면 넌 유명한 인물이 될 것이라고 말했습니다. 이생의 자랑입니다. 중요한 것은 예수님이 말씀과 기도로 이 미혹을 물리치고 승리하셨다는 것입니다.

지금도 수많은 순례자가 이 미혹에 걸려 넘어져 순례를 포기하고 지옥으로 가고 있다고 《천로역정》은 경고합니다. 이 세 가지 유혹의 정체를 현대적인 언어로 표기한다면 'Sex, Money, Power'입니다. '돈'과 '성'과 '권력'의 유혹에 얼마나 많은 사람이 이 순간도 악마의 미혹에 넘어지고 있는지요? 이 유혹에 승리하기 위해서 존 번연은 자신의 기도만으로는 힘들며, 나를 위해 기도해 주는 중보기도의 친구 용사들이 필요하다고 말합니다.

《천로역정》에 보면 그래서 이 '확고부동'이란 중보자는 무릎을 꿇고 두 손을 들고 부르짖어 기도하고 있는 것입니다. 《천로역정》에서 확고부동이 그렇게 기도하자마자 하나님은 즉각적으로 진리의 용사와 정직 같은 성도들을 돕는 자로 보내주셨고, 그 악녀(거품 마담)는 바로 도망가게 됩니다. 그리고 그녀를 거절할 수 있었던 것은 정녕 중보기도를 통해 경험한 주의 큰 은혜였다고 고백합니다. 그러므로 지금 이 시대처럼 악한 세상을 살아가는 성도들에게 가장 중요한 사역은 바로 중보기도 사역입니다.

둘째, 순례 여정의 궁극적 승리를 위해서입니다.
우리는 예수님이 제자들을 위해 중보기도를 하신 시점을 주목할 필요가 있습니다.

"예수께서 이 말씀을 하시고 눈을 들어 하늘을 우러러 이르시되 아버지여 때가 이르렀사오니 아들을 영화롭게 하사 아들로 아버지를 영화롭게 하게 하옵소서"(요 17:1).

무슨 때가 이르렀다는 말씀입니까? 예수님이 이 땅에 오셔서 그의 사명을 완성하실 그 때가 가까워지고 있다는 말씀 아닙니까? 그렇다면 요한복음 17장의 예수님의 중보기도 전체는 그분의 사역의 거룩한 완성을 위한 기도였다고 할 수 있을 것입니다. 바울 사도도 유사한 상황이었다고 할 수 있겠습니다. 그가 디모데전서를 기록한 시점이 주후 64년경입니다. 그가 사역의 마무리를 바라보는 시점이었다면 이것은 그의 사역의 승계자인 디모데에게 유언처럼 중요한 교훈을 남기려는 의도였다고 할 수 있습니다. 여기서 디모데가 무엇보다 우선순위를 두고 감당해야 할 사역이 중보기도 사역이라고 말한 것을 기억해야 합니다.

거기서 바울 사도는 그가 목회하던 교회뿐만 아니라 로마가 통치하던 시대의 혼란을 바라보며 기도의 중요성을 느꼈습니다. 주의 사역자들이 위정자들을 위해서도 기도하는 것이 교회가 감당해야 할 사회적 책임이라고 믿었던 것입니다.

"그러므로 내가 첫째로 권하노니 모든 사람을 위하여 간구와 기도와 도고와 감사를 하되 임금들과 높은 지위에 있는 모든 사람을 위하여 하라 이는 우리가 모든 경건과 단정함으로 고요하고 평안한 생활을 하려 함이라"(딤전 2:1-2).

바울이 디모데전서를 기록한 시점이 주후 64년경이라고 했을 때 당시 로마 황제는 그 유명한 네로였습니다. 그는 로마에 방화를 일으키고 이제 그 희생양이 필요했습니다. 그래서 기독교인들이 방화의 원인이라고 소문을 퍼트려 그리스도인들에 대한 잔인한 박해를 확산하던 시점이었습니다. 당시 기독교인들에게 네로는 얼마나 미움의 대상이었겠습니까? 그런데 바울은 네로와 그와 함께한 모든 위정자들을 위해 기도하라는 것입니다. 그들을 위해서가 아니라, 우리의 안위, 우리의 평화를 위해서라고 말합니다. 우리가 정치 지도자들을 비판하고 저항하는 일은 오히려 쉬운 일입니다. 그러나 그들이 바른 방향으로 정사를 움직여 가도록 얼마나 중보하고 있을까요? 코로나 비상 사태에 정부가 잘못했다고 비판하는 것 이상으로 우리는 그들이 바르게 책임을 행사하도록 대통령과 총리, 질병본부, 의료진을 위해 기도해야 할 것입니다.

《천로역정》 2편을 보면 중보자 '확고부동'의 출현은 순례 거의 마지막 여정인 마법의 땅에 들어섰을 때였습니다. 이제 '뿔라의 땅'(Land Beulah)을 지나면 죽음의 강이 기다리고 그 강을 건너면 약속의 땅 시온 성이 앞에 있는 지점이었습니다. 마법의 땅이 뿔라의 땅 가까이에 위치하게 한 것도 의미 있는 레슨이었습니다. 우리가 거의 다 왔다고, 이제 성공했다고, 목적을 실현했다고 믿는 시점이야말로 인생에서 우리가 방심하게 되는 순간이 아니겠습니까? 바로 이 때 무엇보다 필요한 것이 중보기도 사역입니다.

확고부동은 그가 무릎 꿇고 부르짖어 기도하는 이유를 이렇게 말합니다.

"지금 우리는 마법에 걸린 땅에 있습니다. 이곳이 얼마나 위험한 지역인지, 얼마나 많은 순례자가 여기서 더 나아가지 못하고 졸다가 정욕과 쾌락의 파멸의 늪에 빠지는 것을 알고 있는 저로서는 이렇게 부르짖어 기도할 수밖에 없습니다."

중보기도 사역을 통해 우리가 얻는 유익은 바로 'Finishing Well', 아름다운 마무리입니다.

그렇습니다. 순례 여정의 궁극적 승리를 위해 우리는 이제 《천로역정》의 '확고부동'처럼 가던 길을 멈추고 무릎을 꿇고 두 손을 하늘을 향해 들고 나 자신과 가족, 이웃, 동역자 그리고 우리 나라와 세계 열강의 위정자들을 위해 중보해야 합니다. 바울 사도와 마지막 순례의 골인 지점에서 이렇게 고백하기 위해서 말입니다.

"나는 선한 싸움을 싸우고 나의 달려갈 길을 마치고 믿음을 지켰으니 이제 후로는 나를 위하여 의의 면류관이 예비되었으므로 주 곧 의로우신 재판장이 그 날에 내게 주실 것이며 내게만 아니라 주의 나타나심을 사모하는 모든 자에게도니라"(딤후 4:7-8).

이제라도 교회 중보기도 사역팀에 들어가 중보의 용사가 되시지 않겠습니까? 내게도 이웃에게도 함께 하늘에서 내리는 확고부동의 은혜가 임할 것입니다.

1. 《천로역정》에서 '확고부동'은 순례자 크리스천과 일행을 기도로 돕는 역할을 합니다. 중보기도 사역이 오늘날에도 필요한 이유 두 가지는 무엇인가요?

   1)

   2)

2. 나의 중보기도 제목을 나누고 중보기도 사역 세미나에 참여할 계획을 세워 보세요.

12.

천로역정과
성경 해석 사역

◇◇◇

"시작과 끝이 같아야

믿음입니다"

"그들이 암비볼리와 아볼로니아로 다녀가 데
살로니가에 이르니 거기 유대인의 회당이 있
는지라 바울이 자기의 관례대로 그들에게로
들어가서 세 안식일에 성경을 가지고 강론하
며 뜻을 풀어 그리스도가 해를 받고 죽은 자
가운데서 다시 살아나야 할 것을 증언하고 이
르되 내가 너희에게 전하는 이 예수가 곧 그리
스도라 하니 그 중의 어떤 사람 곧 경건한 헬
라인의 큰 무리와 적지 않은 귀부인도 권함을
받고 바울과 실라를 따르나"(행 17:1-4).

말씀 양육의 고귀한 사명

《천로역정》 1편과 2편을 보면 시온 성으로 향하는 순례단은 모두 '해석자의 집'을 거쳐 가는 것을 볼 수 있습니다. 이 해석자의 집은 교회의 중요한 사명인 성경 해석 사역의 책임을 우리에게 가르쳐 주고 있습니다.

《천로역정》 1편에 순례자 크리스천이 해석자의 집에 들어오자마자 '해석자'(Interpreter)는 한 사람의 초상화를 보여줍니다. 그 초상화에 그려진 사람의 두 눈은 하늘을 향해 있었고, 손에는 가장 훌륭한 책이 들려 있으며, 머리에는 황금면류관이 씌워져 있었습니다. 순례자 크리스천이 묻습니다. "이 초상화가 무엇을 의미하느냐?"고. 해석자가 대답하기를 "이 그림 속의 인물은 아주 귀한 분입니다. 그분은 자녀를 낳을 수 있고, 자녀를 해산하는 수고를 하며, 자녀가 태어나면 그들을 직접 보살핍니다"라고 말합니다. 하나님의 말씀을 해석하는 사람들의 사역으로 구원받은 영혼이 태어나고, 그 영혼이 다시 말씀으로 양육되는 고귀한 사명을 가르치는 것입니다.

신학도들이 신학교에 들어가면 필수 과목 중 하나로 '성서해석학'을 배우게 됩니다. 해석학을 영어로 'Hermeneutics'라고 합니다. 이 단어는 그리스 신화에 등장하는 '헤르메스'(Hermes) 신과 관계가 있습니다. 이 신의 사명은 신의 메시지를 사람에게 전달하고 해석해 주는 일인데, 신의 이름 '헤르메스'에서 '헬메뉴틱스', '해석학'이란 말이 유래한 것입니다.

모든 설교자나 성경 교사들은 자신의 의견이나 생각을 전달하는 것이 아니고, 하나님의 말씀인 성서를 가르치고 설교하도록 부르심을 받았습니다. 따라서 그들의 중요한 사명은 성서를 본래의 의미대로 바르게 해석하고 전달하는 것입니다. 그러므로 하나님의 말씀을 선포하고 가르치는 모든 사람을 우리는 '성서 해석자'라고 할 수 있습니다. 《천로역정》해석자의 집에 걸려 있는 초상화처럼 그들은 성서 한 권을 들고 하늘의 하나님을 가르치며 말씀을 전하는 자이고, 이 사명을 잘 감당하는 모든 이들에게 주께서는 하늘의 면류관을 준비하십니다.

우리 개신교, 특히 복음주의적 교회에서는 이 사명이 비단 목사나 선교사, 전도자뿐만 아니라 말씀을 가르치는 모든 평신도 인도자에게도 주어지는 것으로 믿습니다. 사실은 우리가 날마다 '성경 읽기'를 할 때도 나름대로 성경을 해석하며 읽는 것입니다. 그렇다면 우리가 성경 해석 사역을 바르게 수행한다는 것은 구체적으로 무엇을 어떻게 하는 것을 의미하는 것입니까?

올바르게 행하는 성경 해석 사역

첫째, 본문의 문자 뜻을 원 의미대로 풀어야 합니다.

사도행전 17장에 보면 바울 사도는 제2차 선교 여행 중에 데살로니가에 도착합니다. 거기서 그는 유대인 회당을 찾습니다. 복음 설교의 기회를 얻기 위해서입니다.

"바울이 자기의 관례대로 그들에게로 들어가서 세 안식일에 성경을 가지고 강론하며 뜻을 풀어 그리스도가 해를 받고 죽은 자 가운데서 다시 살아나야 할 것을 증언하고 이르되 내가 너희에게 전하는 이 예수가 곧 그리스도라 하니"(행 17:2-3).

우선 여기 '성경을 가지고 강론하며 뜻을 풀었다'는 표현을 주목해 보십시오. 오늘날 우린 종종 교회 안에서 소위 설교나 가르치는 이들이 성경을 읽어만 놓고 본문과 상관없이 자기 주관적인 이야기만 장황하게 늘어놓는 경우를 경험하게 됩니다. 엄밀하게 말하면 이런 설교나 가르침은 성경적이라 할 수 없습니다.

본문에서 바울은 성경을 인용만 한 것이 아니라, 그의 모든 강론은 '성경으로부터'(apo ton grapon/from the scriptures) 풀어내고 있습니다. 3절에서 '뜻을 풀었다'는 말 '디아노이고'(dia+anoigo/open up completely)는 '그 의미를 완전하게 열어서 보인다'는 의미입니다. 성경의 문자적 의미를 있는 그대로 온전하게 전달한다는 뜻입니다.

종교 개혁 당시 성경을 떠난 중세 교회의 가르침을 바로잡기 위해서 개혁자들이 강조한 성경 해석의 원리를 신학에서는 '역사적 문법적 해석원리'(Historical-grammatical principle)라고 말합니다. 본문의 역사적 상황에 근거하여 저자가 본래 의도한 그대로 성경을 해석하는 원리를 의미합니다. 이 해석은 초대교회 안디옥 학파의 전통을 계승한 것입니다. 초대교회에는 안디옥 학파 말고 모든 성경을 문자적 의미를 떠나 비유적으로 영해하는 알렉산드리아 학파가 있었습니다(물론 성경엔 비유가 많습니다만 문제는 비유가 아닌 것도 비유로 간주해서 주관적으로 풀어서는 안 된다는 뜻입니다). 그런데 이러한 지극히 주관적인 영적 해석은 종종 본문 자체의 의미를 명백하게 왜곡했던 것입니다.

오늘 한국 교회의 정황에서 보자면 최근 우리 사회에서 문제화된 신천지의 성경 해석이 대표적으로 그렇습니다. 소위 '비유 풀이'라고 해서 성경의 모든 것을 비유로 보고 아전인수 격으로 해석하는 것입니다. 중세기 가톨릭 교회가 성경을 왜곡해서 해석했을 때 개혁자 루터나 칼빈은 본문의 역사적 정황에서부터 시작하여 저자가 본래 강조하고자 한 바를 분명하게 드러내는 역사적·문법적 해석으로 돌아가려고 했습니다. 그래서 오늘날도 성경 해석 사역은 언제나 본문이 탄생한 역사적 배경을 살피고, 본문의 문자적·사전적 의미에서부터 해석을 출발해야 합니다.

둘째, 성경의 핵심이신 그리스도에게로 우리를 인도해야 합니다.

성경에는 구약과 신약이 있고 다양한 장르의 메시지가 존재하지만 핵심은 그리스도 한 분에게 초점이 맞춰져 있습니다. 구약은 앞으로 오실 그리스도, 신약은 이미 오신 그리스도를 증언하고 있습니다. 예수님은 어떻게 말씀하십니까?

"너희가 성경에서 영생을 얻는 줄 생각하고 성경을 연구하거니와 이 성경이 곧 내게 대하여 증언하는 것이니라"(요 5:39).

그렇습니다. 성경의 유일한 초점은 우리 주님 예수 그리스도이십니다. 바울 사도도 다르지 않았습니다.

"뜻을 풀어 그리스도가 해를 받고 죽은 자 가운데서 다시 살아나
야 할 것을 증언하고 이르되 내가 너희에게 전하는 이 예수가 곧
그리스도라 하니"(행 17:3).

바울 설교의 핵심은 예수 그리스도였습니다. 이런 설교를 설교
학자들은 '그리스도 중심적 설교'(Christ-centered Preaching)라고 말
합니다. 기독교 역사에서 하나님이 기름 부어 쓰신 대부분의 설
교자에게 공통적으로 보이는 설교였습니다. 아무리 설교가 듣기
좋고 일시적으로 인기가 있어도 그 설교에 그리스도가 빠져 있
으면 그 설교는 해답이 없는 설교입니다. 왜냐하면 그리스도만이
해답이시기 때문입니다.

그리스도라는 말은 본래 '기름부음을 받으신 분'(Anointed one)
이란 의미입니다. 구약을 보면 어떤 자리에 취임하며 기름부음
을 받는 세 종류의 사람이 있었습니다. '왕'과 '선지지'와 '제사장'
입니다. 왕은 공의로 다스리는 자, 선지자는 진리를 가르치는 자,
제사장은 죄 문제를 포함한 문제의 해결자였습니다. 그러나 구약
의 역사는 왕답지 못한 왕에 대한 실망, 선지자답지 못한 거짓 선
지자로 말미암은 실망, 자기 문제도 해결 못 하는 제사장에 대한

실망으로 이뤄져 있습니다. 그러면서 그들은 역사의 지평에 어느 날 하나님이 직접 기름 부어 세우실 그리스도 혹은 메시아를 기다려 왔습니다. 그런데 예수의 제자들이 발견한 놀라운 복음은 예수가 그리스도라는 소식이었습니다. 예수가 왕이시고 선지자시고 제사장이라는 사실이었습니다. 오늘날 우리의 표현으로 예수가 우리의 구주요 주님이시라는 것입니다.

《천로역정》에 보면 크리스천이 해석자의 집에 들어갔을 때 벽난로가 타오르고 있는 것을 보게 됩니다. 그런데 벽난로 옆에서 한 사람이 불을 끄려고 물을 붓고 있었습니다. 하지만 불은 더욱 거세고 뜨겁게 타올랐습니다. 그래서 크리스천이 묻습니다.

"이것은 무슨 의미입니까?"

해석자는 말합니다.

"불은 우리 마음 속에 역사하시는 하나님의 은총입니다. 저기 불을 끄려고 물을 뿌리는 자가 사탄입니다. 하지만 아무리 물을 뿌려도 불은 거세고 더 뜨겁게 타오르고 있지요. 그 이유를 알고 싶으시면 저를 따라 오시지요"

그리고는 크리스천을 벽 뒤로 데리고 갔습니다. 거기로 가니 한 사람이 불 속에 기름을 붓고 있었습니다. 해석자는 말합니다.

"이 분이 바로 그리스도이십니다. 그가 구도자들과 크리스천들의 마음에 은혜의 기름을 부어 구원의 역사가 계속되게 하시는 것입니다."

그렇습니다. 예수가 바로 하나님이 기름부어 우리에게 보내신 유일하신 구주요 주님이신 그리스도이십니다. 우리가 성경을 해석하고 가르치는 이유, 바로 이것을 선포하기 위해서입니다. 예수가 그리스도라고! 모든 기독교적 이단은 표면적으로는 자기들도 예수를 구주로 믿는다고 말합니다. 그러나 결론이 중요합니다. 결론은 다시 오실 그리스도는 문ㅇㅇ이라고, 이ㅇㅇ라고 말합니다. 우리를 이 예수 그리스도에게로 인도하지 않는 모든 것은 거짓된 것입니다.

셋째, 성경 해석 사역은 우리를 교회 공동체의 교제 안에 머물게 해야 합니다.

"그 중의 어떤 사람 곧 경건한 헬라인의 큰 무리와 적지 않은 귀부인도 권함을 받고 바울과 실라를 따르나"(행 17:4).

여기 바울 사도가 행한 말씀 사역의 결론을 볼 수 있습니다. 헬라인의 큰 무리와 귀부인들은 말씀으로 '권함을 받고'라고 기록되어 있습니다. 권함을 받았다는 말은 그 '권위에 설득되었다'(peiso)는 말입니다. 그리고 마침내 바울과 실라의 공동체에 소속되었다고 말합니다. 그것이 교회입니다. 교회의 지체가 되었다는 말입니다.

예수님도 제자들에게 지상명령의 과제를 주시면서 "가서 모든 민족(족속)을 제자로 삼으라"고 말씀하십니다. 거기서 끝나지 않습니다. "아버지와 아들과 성령의 이름으로 세례(침례)를 베풀라"고 말씀하십니다. 세례(침례)는 이제 그리스도와의 연합의 상징일 뿐 아니라, 동일한 세례(침례)를 받은 공동체 곧 그리스도의 몸 된 교회에 소속하게 된 것을 의미합니다. 거기서 끝나지 않습니다. "내가 너희에게 분부한 모든 것을 가르쳐 지키게 하라"고 말씀하십니다. 우리는 제자다운 제자가 되기 위한 교육을 받고 성숙해져야 합니다. 그래야 우리가 영적으로 보호받고 또 쓰임 받는 인생을 사는 것입니다. 성경 해석도 구원받은 그리스도인의 자리에 머물지 않고 우리가 제자다운 제자로 성숙해지도록 돕는 것이 또한 성경 해석의 역할입니다.

《천로역정》 2편에 보면 크리스티아나와 자녀들 순례단도 다시 해석자의 집에 당도하여 환영을 받고 여러 영적 교훈을 얻습니다. 거기서 해석자는 그들을 한 방으로 데리고 가서 암탉과 병아리들을 관찰하게 합니다. 병아리 한 마리가 물을 마실 때마다 하늘을 향해 머리 드는 것을 보게 하며, 우리는 하늘로부터 오는 긍휼을 입지 않고는 존재할 수 없다고 말합니다. 그리고 암탉이 특별한 소리를 낼 때마다 모여드는 병아리를 품는 모습을 보게 하며 해석자는 "왕은 자기 백성을 그의 날개 아래 이렇게 품으신다"고 말합니다. 동시에 이 암탉의 역할은 바로 왕 되신 하나님이 교회를 통해 병아리 같은 성도들을 양육하는 그림임을 말해 줍니다. 그리고 해석자는 마지막으로 속이 썩은 고목과 열매가 풍성한 나무를 보여줍니다. 크리스천이 성도의 교제를 통해 어떻게 아름다운 열매를 맺느냐가 마지막으로 주어진 과제임을 일러줍니다. 건강한 교회와 이단의 차이를 아십니까? 교회는 건강한 암탉처럼 병아리를 품고 보호합니다. 이단도 처음에는 품는 듯하지만(기성교회보다 더 잘) 결국에는 시간도 청춘도 재산도 다 착취하고 빼앗아 갑니다. 이단의 문자적 의미가 무엇입니까? '끝이 다르다'입니다.

바울이 데살로니가에서 성경 해석 사역을 했을 때 그 결과는 그 도시에 적지 않은 영향을 끼쳤습니다. 사도행전 17장 6절에 보면 도시 사람들이 그리스도인들에게 붙여 준 별명이 있습니다.

"천하를 어지럽게 하는 사람들."

"These that have turned the world upside down"(KJV, 천하를 뒤엎은 사람들).

그리스도인들은 마침내 선한 영향력과 거룩한 능력으로 세상을 변화시키고 있었던 것입니다. 이것이 건강한 말씀 사역, 성경 해석 사역의 결론입니다. 위기의 시대에 더욱 말씀을 사모하고, 말씀을 붙들고, 말씀으로 세상을 바꾸는 우리가 될 수 있기를 기도해야 합니다.

1. 성경 해석 사역은 교회의 중요한 사명입니다. 성경 해석 사역을 바르게 수행한다는 것은 구체적으로 어떻게 하는 것을 의미하는 것입니까?

    1)

    2)

    3)

2. 우리가 성경을 바르게 해석하기 위해 준비해야 할 것이 있다면 무엇인지 나눠 보십시오.

13.

천로역정과
호스피스 사역

◇◇◇

"하나님의 임재 안으로

인도하십시오"

"야곱아 너를 창조하신 여호와께서 지금 말씀
하시느니라 이스라엘아 너를 지으신 이가 말
씀하시느니라 너는 두려워하지 말라 내가 너
를 구속하였고 내가 너를 지명하여 불렀나니
너는 내 것이라 네가 물 가운데로 지날 때에
내가 너와 함께 할 것이라 강을 건널 때에 물
이 너를 침몰하지 못할 것이며 내가 불 가운데
로 지날 때에 타지도 아니할 것이요 불꽃이 너
를 사르지도 못하리니 대저 나는 여호와 네 하
나님이요 이스라엘의 거룩한 이요 네 구원자
임이라 내가 애굽을 너의 속량물로, 구스와 스
바를 너를 대신하여 주었노라 네가 내 눈에 보
배롭고 존귀하며 내가 너를 사랑하였은즉 내
가 네 대신 사람들을 내어 주며 백성들이 네
생명을 대신하리니 두려워하지 말라 내가 너
와 함께 하여 네 자손을 동쪽에서부터 오게 하
며 서쪽에서부터 너를 모을 것이며 내가 북쪽
에게 이르기를 내놓으라 남쪽에게 이르기를
가두어 두지 말라 내 아들들을 먼 곳에서 이끌
며 내 딸들을 땅 끝에서 오게 하며 내 이름으
로 불려지는 모든 자 곧 내가 내 영광을 위하
여 창조한 자를 오게 하라 그를 내가 지었고
그를 내가 만들었느니라"(사 43:1-7).

아름다운 환송, 호스피스 사역의 역사

성경은 사람이 한 번 죽는 것은 정해져 있다고 했습니다. 중요한 것은 죽느냐 안 죽느냐가 아니라 어떻게 죽느냐입니다. 기독교권에서 죽음을 앞둔 자를 돌보기 위해 탄생한 아름다운 사역이 있습니다. 바로 '호스피스 사역'입니다.

'호스피스'(Hospice)는 본래 손님과 주인의 두 가지 의미가 있는 라틴어 'hospes'에서 유래한 말로, 11세기 1065년경 십자군 운동에서 기원했습니다. 성지 탈환을 위해 유럽에서 성지로 가는 동안 갖가지 병에 걸려 바로 군대에 합류할 수 없었던 십자군들을 위해 안식처요 치료소로 시작된 곳이 '호스피스'였습니다. 이들의 섬김을 영어로 '호스피탤러티'(Hospitality)라고 칭하기도 했습니다. 그러나 영적 치료 없는 돌봄은 온전할 수 없었기에 때로 호스피스는 작은 교회로 불리기도 했습니다. 후일 이 단어에서 호스피탈(Hospital), 곧 '병원'이란 말이 유래되기도 했습니다.

1960년대 영국 간호사 시슬리 손더스(Cicely Saunders)와 스위스 정신과 의사 엘리자베스 퀴블러 로스(Elizabeth Kubler Ross)는 현대적 의미에서의 호스피스 운동을 본격화합니다. 한국에도 1960년대 한국에 온 가톨릭 '마리아의 작은 자매회' 수녀들이 난치병 말기 환자들을 대상으로 처음 이 사역을 소개했습니다.

1980년대 중반, 호스피스 사역은 개신교 선교사들의 헌신으로 연세대학교 세브란스 병원에서 본격화되었습니다. 1990년대에 이르러서는 개신교인이 주축이 된 한국 호스피스 협회가 발족되어 의료인뿐 아니라 평신도 자원 봉사자를 포함한 말기 환자 섬김 사역으로 자리 잡기 시작했습니다. 따라서 호스피스 사역은 점차적으로 질환의 종류를 불문하고 말기 상태의 모든 환자가 편안한 죽음을 맞이하도록 섬기는 돌봄 사역으로 발전해 온 것입니다.

그렇다면 우리 주변에 죽음의 순간을 예견하고 힘들어하는 이웃을 만나 섬기고자 할 때 성도로서 해야 할 호스피스적 사역 내용은 무엇이어야 합니까?

천국의 길로 인도하는 호스피스 사역

첫째, 하나님의 백성 된 확신을 나누어야 합니다.

우리가 인생의 마지막 장애물인 죽음의 강을 건널 때 마음 속에 존재하는 가장 큰 두려움은 무엇일까요? 과연 이 죽음의 강 건너편에서 창조자 하나님은 기꺼이 나를 자신의 백성으로 영접해 주실까라는 생각일 것입니다.

그런데 이사야 43장 1절에서 여호와 하나님은 우리에게 "두려워 말라"고 말씀하십니다. 그리고 더 나아가 "너는 내 것이라"고 하십니다. 우리가 진실로 하나님의 백성이라면 하나님의 것임을 확신할 수 있어야 합니다.

마귀가 하는 중요한 사역은 하나님의 백성에게서 하나님의 백성 된 그 정체성을 흔들어 의심하게 하는 일입니다. 그래서 마귀는 참소하는 자요 속이는 자입니다. 그런데 이사야 43장 1절에서 우리가 인생의 어떤 상황, 심지어 죽음의 순간에서도 하나님의 백성 된 정체성을 확신할 수 있는 근거를 말씀해 주십니다.

이사야 43장 1절에 세 가지 중요한 단어가 등장하는데, '창조', '구속', '지명'입니다. 이것을 삼위일체 하나님과 연관하여 묵상하면 우리는 놀라운 확신을 누릴 수 있습니다. 첫째, '성부 하나님'은 우리를 '창조'하신 자이십니다. 그래서 우리를 창조하신 그분이 우리에게 너는 내 것이라고 하십니다. 둘째로 '성자 하나님'이신 예수님은 우리를 '구속'하신 분이십니다. 구속이란, 값을 지불하고 산다는 의미가 아닙니까? 십자가의 보혈로 우리를 사서 주님의 백성 되게 하신 예수님이 말씀하십니다. 너는 내 것이라고. 그리고 셋째, '성령 하나님'은 이 땅에 수많은 사람 중에 나를 '지명'하여 주의 자녀로 불러 주신 분이십니다. 그 성령 하나님이 말씀하십니다. 너는 내 것이라고.

《천로역정》에서 순례자 크리스천이 '십자가 언덕'에 도달했을 때 세 명의 천사를 만난 것을 기억하십니까? 세 번째 천사가 크리스천의 이마에 표를 하고 봉인된 두루마리를 건네면서 이 두루마리를 읽고 천국 문에 도달했을 때 그것을 순례자 증명서로 제출하라고 말했던 것을 말입니다. 마지막 천국 문에서 그 문을 통과한 순례자와 통과하지 못한 '무지'(Ignorance) 씨의 차이는 바로 이 순례자 증명서에 있습니다. 《천로역정》의 저자 존 번연은 이 순례자 증명서의 근거로 이 말씀을 인용합니다.

"그 안에서 너희도 진리의 말씀 곧 너희의 구원의 복음을 듣고 그 안에서 또한 믿어 약속의 성령으로 인치심을 받았으니"(엡 1:13).

여기 약속의 성령으로 인침을 받았다는 의미가 무엇입니까?

'인침'(sealing)은 소유권을 뜻합니다. 이제 우리가 하나님의 소유, 하나님의 것이 되었다는 의미입니다. 우리는 우리의 소유를 스스로 보호합니다. 우리 것이기 때문입니다. 죽음의 강 앞에서 누구나 두려움을 느끼지만 절망할 필요가 없는 이유는 우리에게 확실한 하나님의 백성 된 정체성이 있기 때문입니다. 그래서 죽음의 강 앞에서 이웃을 돕고자 할 때 한 번 더 확인이 필요한 것은 그들이 정녕 구원의 복음을 듣고 하나님의 자녀로 인침 받은 증거가 있는지를 살피게 하는 일입니다.

"너희는 믿음 안에 있는가 너희 자신을 시험하고 너희 자신을 확증하라 예수 그리스도께서 너희 안에 계신 줄을 너희가 스스로 알지 못하느냐 그렇지 않으면 너희는 버림 받은 자니라"(고후 13:5).

둘째, 하나님의 임재를 경험하게 해야 합니다.

인생의 순례자로서 마지막 죽음의 강을 건널 때 두려움을 극복하려면 누군가 나와 동행해야 합니다. 그러나 죽음의 강만은 아무도 나와 동행할 수 없습니다. 심지어 부부도 각각 따로 따로 그 강을 건너야 합니다. 유일하게 그 강의 동행자가 될 수 있는 이는 주님 한 분이십니다. 그러나 호스피스들은 그 주님을 바라보고 의지할 수 있도록 돕는 응원자가 될 수 있습니다.

《천로역정》에서 순례자 크리스천이 이 강을 건너기에 앞서 자신과 천국 문 사이에 흐르는 강을 보고 두려움이 가득할 때 그를 돕는 두 존재가 있었습니다. 하나는 '소망'(Hopeful)이란 친구였고, 또 하나는 '빛나는 천사들'이었습니다. 그들이 바로 호스피스의 역할을 감당하고 있습니다.

우선 빛나는 천사들이 이렇게 말합니다.

"이 강은 이곳을 다스리는 왕을 믿는 당신의 믿음에 따라 더 깊어지기도 하고 더 얕아지기도 합니다."

소망은 말합니다.

"형제여, 기운을 내십시오. 나는 발이 바닥에 닿는 것이 느껴집니다."

이어서 소망은 또 이렇게 말합니다.

"형제여, 천국 문이 보입니다. 그리고 사람들이 우리를 맞이하기 위해 서 있는 것도 보이지 않습니까."

크리스천은 나의 부족함 때문에 과연 주님이 나를 받아주실지 모르겠다고 말합니다. 이때 소망은 다시 크리스천에게 이렇게 말합니다.

"기운을 내세요. 예수 그리스도가 당신을 온전하게 하실 것입니다."

이런 천사들과 소망의 격려를 받으면서 비로소 죽음의 강 한복판에서 이렇게 외칩니다.

"아, 다시 그리스도가 보입니다. 그리스도가 제게 네가 물 가운데로 지날 때에 내가 너와 함께할 것이라 강을 건널 때에 물이 너를 침몰하지 못할 것이라고 말씀하십니다."

《천로역정》은 계속해서 이렇게 기록합니다. 그들은 모두 기운을 차렸으며, 크리스천은 곧 발을 디딜 수 있는 바닥을 발견했다고 말입니다. 나머지 강은 얕았고, 그들은 강을 건넜으며, 강둑에서 그들을 기다리는 다른 두 명의 빛나는 사람들을 발견했습니다. 그들은 이렇게 인사의 말을 건넵니다.

"우리는 구원받을 자들을 보호하기 위해 보내진 수호의 영들입니다."

이 두 천사의 영의 부축을 받고 그들은 '천국의 언덕'을 오를 수 있었습니다. 이것이 바로 호스피스가 하는 일입니다. 하나님의 임재를 경험하게 하는 일입니다.

"네가 물 가운데로 지날 때에 내가 너와 함께 할 것이라 강을 건널 때에 물이 너를 침몰하지 못할 것이며 네가 불 가운데로 지날 때에 타지도 아니할 것이요 불꽃이 너를 사르지도 못하리니"(사 43:2).

물과 불은 인생의 순례를 위협하는 장애물입니다. 그러나 이스라엘 백성은 홍해 바다를 육지같이 건넜고, 다니엘의 세 친구는 불 속에 던지움을 받았으나 머리카락 하나 상하지 아니했습니다. 불 속에 세 사람이 들어갔지만 그들은 네 사람이 풀무 불 속에 있는 것을 보았습니다. 하나님의 임재가 함께한 것입니다.

우리가 죽음의 강을 건널 때 무엇보다 하나님의 임재가 필요합니다. 호스피스가 할 일은 약속의 말씀으로 하나님의 임재를 일깨워 믿게 하는 일입니다.

셋째, 하나님의 영광스런 준비를 보게 해야 합니다.

하나님은 우리가 이 세상 전부와도 바꿀 수 없는 존재며, 하나님 보시기에 보배롭고 존귀한 존재며, 이 세상 모든 사람과도 바꿀 수 없는 존재라고 말씀하십니다. 또한 세상 끝 날에 세상의 동서남북에서 구원받은 모든 하나님의 백성을 모을 것이라고 말씀하십니다.

"대저 나는 여호와 네 하나님이요 이스라엘의 거룩한 이요 네 구원자임이라 내가 애굽을 너의 속량물로, 구스와 스바를 너를 대신하여 주었노라 네가 내 눈에 보배롭고 존귀하며 내가 너를 사랑하였은즉 내가 네 대신 사람들을 내어 주며 백성들이 네 생명을 대신하리니"(사 43:3-4).

"두려워하지 말라 내가 너와 함께 하여 네 자손을 동쪽에서부터 오게 하며 서쪽에서부터 너를 모을 것이며 내가 북쪽에게 이르기를 내놓으라 남쪽에게 이르기를 가두어 두지 말라 내 아들들을 먼 곳에서 이끌며 내 딸들을 땅 끝에서 오게 하며"(사 43:5-6).

그렇습니다! 그들은 여호와 하나님의 아들들이요 딸들입니다. 그들을 향한 마지막 선포의 말씀을 보십시오.

"내 이름으로 불려지는 모든 자 곧 내가 내 영광을 위하여 창조한 자를 오게 하라 그를 내가 지었고 그를 내가 만들었느니라" (사 43:7).

완성된 천국은 하나님의 자녀들을 위하여 예비된 영광의 나라, 영광의 안식처입니다.

《천로역정》에 보면 순례자들은 천국에 가까울수록 그곳의 영광을 뚜렷하게 볼 수 있었습니다. 천국은 진주와 보석으로 지어졌고, 길은 황금으로 포장(상징)되어 있었습니다. 천국 자체에서 뿜어져 나오는 영광과 태양 빛에 반사된 아름다움을 보고 크리스천은 상사병에 걸렸다고 기록합니다. 천국의 언덕을 오르며 천국의 안내자인 빛나는 영들은 천국의 영광에 대하여 순례자들에게 계속 속삭여 주었습니다.

"…지금 당신들은 하나님의 낙원으로 가고 있습니다. 그 곳에서 당신들은 생명나무를 보게 될 것이고, 절대로 시들지 않는 그 나무의 열매들을 먹게 될 것입니다. 그리고 그 곳에 도달하면 흰 옷을 입고 매일 아니 영원토록 하나님과 함께 걸으며 이야기를 나눌 것입니다. 저 낮은 땅에서 보았던 슬픔, 질병, 고통, 죽음을 다시 보지 않을 것입니다. 왜냐하면 과거의 일이 다 지나갔기 때문입니다."

빛나는 영들은 계속 속삭입니다.

"당신들은 저 세상에서 행한 왕을 위한 모든 수고에 대하여 위로를 받고 모든 슬픔 대신 즐거움을 누릴 것입니다. 그리고 그 동안 당신들이 드린 모든 기도, 왕을 위해 흘린 모든 눈물, 왕을 위해 받은 모든 고난에 대한 상급을 받을 것입니다. 그리고 금 면류관을 쓰고 거룩하신 분을 영원히 모시는 기쁨을 누릴 것입니다."

여기 빛나는 영들의 역할이 바로 죽음의 강을 건너 천국으로 향하는 성도들의 안내자가 되어야 할 크리스천 호스피스들의 사역입니다. 이제 영광의 주님이 기다리신다고 주님은 당신의 이름을 기억하시고 기다리신다고 말해 주는 것입니다.

복음성가 작곡가 토미 워커(Tommy Walker)가 1997년 필리핀으로 단기선교를 갔을 때 7세 된 고아 소년을 만났는데 그에게 다가와 이렇게 말했다고 합니다. "아저씨 제 이름은 제리예요" 그래서 토미 워커가 "그렇구나, 제리. 내 이름은 토미야"라고 했습니다. 그런데 한 시간이 지난 후 제리는 다시 토미를 찾아와 "아저씨, 제 이름을 아셔요?" 해서 "그래, 제리" 하자 기뻐하며, 그럼 "우리는 친구죠" 하더랍니다. 이 소년을 떠올리며 만든 찬송을 기억하십니까?

나를 지으신 주님 내 안에 계셔

처음부터 내 삶은 그의 손에 있었죠.

내 이름 아시죠 내 모든 생각도

내 흐르는 눈물 그가 닦아 주셨죠 아바라 부를 때 그가 들으시죠.

그는 내 아버지 난 그의 소유

내가 어딜 가든지 날 떠나지 않죠.

내 이름 아시죠 내 모든 생각도

내 흐르는 눈물 그가 닦아 주셨죠 아바라 부를 때 그가 들으시죠.

- 〈나를 지으신 주님〉(토미워커 작사, 작곡)

천국은 아바 되신 그분이 우리 이름을 불러 주시며, 우리 눈물을 씻기시고, 영원히 우리를 즐거워하는 영광의 집입니다.

묵 상 질 문 _____

1. 《천로역정》에서 호스피스 역할을 한 존재들은 누구였나요?

2. 죽음에 대한 준비를 우리는 어떻게 하고 있나요? 천국에 대한 각자의
소망을 이야기해 보십시오.